Balthasar Spiess

Die Fränkisch-Hennebergische Mundart

Balthasar Spiess

Die Fränkisch-Hennebergische Mundart

ISBN/EAN: 9783744631044

Hergestellt in Europa, USA, Kanada, Australien, Japan

Cover: Foto ©ninafisch / pixelio.de

Weitere Bücher finden Sie auf **www.hansebooks.com**

Die

Fränkisch-Hennebergische Mundart.

Von

Balthasar Spieß.

Mit einer Karte.

Wien 1873.
Wilhelm Braumüller
k. k. Hof- und Universitätsbuchhändler.

Vorwort und Einleitung.

Bei Abfassung gegenwärtigen Schriftchens, welches seine Entstehung zunächst der Liebe zu meiner Heimath verdankt, war es mir anfangs bloß darum zu thun, die eigenthümlichen Lautverhältnisse in den verschiedenen Ortschaften des Fränkisch-Hennebergischen Sprachgebietes darzulegen; doch hielt ich es später für wünschenswerth, wenn ich diesen auch etwas über die Flexion hinzufügte. Zwar haben G. Brückner und Fr. Sterzing in Frommanns „Deutschen Mundarten" schon manches Gediegene niedergelegt, wie ich es zu geben wohl nicht im Stande bin; allein Das, was Ersterer gegeben hat, betrifft mit einigen Ausnahmen nur die Lautverhältnisse im Allgemeinen, von Letzterem ist allerdings die Flexion und zwar die des Pronomens ausführlich behandelt, jedoch die Biegung des Verbums nicht berührt worden. Was ich den Herren Fachmännern biete, soll nicht etwa als etwas Neues auf diesem Gebiete, sondern vielmehr nur als eine Ergänzung Dessen angesehen werden, was die beiden genannten Forscher bereits ans Tageslicht gefördert haben.

Die Grenzen des Fränkisch-Hennebergischen Sprachgebietes, auf welchem ich mich bewegt habe, sind nicht ganz so weit wie die von G. Brückner (Fromm. II. 212) gezogenen, weil ich nicht zu viel auf ein Mal umfassen wollte. Meine Grenze geht von Wernshausen, am linken Ufer der Werra, diese überschreitend, nach Schmalkalden, von hier läuft sie über Metzels, Rohra, Dillstädt (Hasel), Schmeheim, Grub, Lengfeld, Ehrenberg, Siegritz nach Grimmelshausen und Themar zur Werra; von da, indem sie das Kalkplateau zwischen der Werra und der Züchse übersteigt, zieht sie sich über St. Bernhardt, Beinerstadt und Wachenbrunn nach Haina und Römhild (zur **Milz**) hinüber; weiter berührt sie **Mendhausen**, **Behrungen**, **Sondheim**, **Mühlfeld** (am **Mahlbach**) und **Eußenhausen**, läuft dann die **Streu** hinauf, über **Stockheim**, **Ostheim**, **Nordheim** (v. d. **Rhön**), **Flabungen** und **Melpers**, wo sie den wasserscheidenden **Stellberg** überschreitet und bei **Erbenhausen** und **Reichenhausen** zur **Felda** gelangt. Nachdem sie noch **Kaltensundheim**, **Kaltennordheim**, **Fischbach** berührt, hier den **Neuberg** überspringend, zieht sie sich über **Wiesenthal** nach **Roßdorf**, am Ursprung der **Rosa**, und erreicht endlich, indem sie an derselben abwärts **Rosa**, **Georgenzella** und **Helmers** berührt, mit **Wernshausen** wieder ihren Ausgangspunkt.

Demnach liegen **Salzungen**, **Suhl**, **Schleusingen** und **Hildburghausen** außerhalb dieses Kreises. Salzungen ist indessen nicht ganz unberührt geblieben, und auch der übrigen Orte, bezüglich Mundarten, ist Erwähnung geschehen. Wenn die Schmalkalder Mundart nicht besonders genannt worden ist, so hat dies seinen Grund in der großen Aehnlichkeit zwischen ihr und der Wasunger Mundart.

Das so umrahmte Gebiet, mit Salzungen, zerfällt in **zwei Hauptabtheilungen**: in einen **südlichen** und einen **nördlichen** Theil, deren Grenze einestheils die **Herpf** (südwestlich), anderntheils die **Wallbach** (nordöstlich), bildet. Mitten hindurch fließt die Werra. Merkwürdigerweise machen diese beiden entgegenstehenden Wasser zugleich auch eine geognostische Grenze, nämlich die des **Kalkes** (südöstlich) und die des **Buntsandsteins** (nordwestlich).

Die südliche Hälfte zerfällt wieder in zwei Unterabtheilungen, Gruppen, welche durch die **Sulze** links, und die **Hasel**, rechts der Werra, von einander geschieden werden; die erste Gruppe, die mit dem etwas weiten Namen **Grabfeld** (I.) bezeichnet werden soll, liegt zum größten Theil auf dem linken Ufer der Werra, zum kleineren Theil auf dem rechten Ufer: an der **Züsche**, **Biber**, **Bauerbach**, dem rechten oberen Seitengrund der **Sulze** (Henneberg), an der **Spring**, **Milz**, der **Bahra** und am **Mahlbach**; reicht indessen auch noch eine kleine Strecke die obere **Streu** hinauf; ferner auf dem Plateau zwischen der **Hasel** und dem

Weißbach, an der unteren Schleuse. Die zweite Gruppe: Rhön-Werra (II.) genannt, gleichfalls von der Werra durchschnitten, erstreckt sich auf das Gebiet der Herpf und der Sulze mit Ausnahme von Henneberg, der oberen Streu sammt deren linken Seitengründen und die oberste der Felda, sowie, rechts der Werra, auf das kleine, von der Helba durchschnittene Gebiet zwischen der Hasel und der Wallbach.

Die nördliche Abtheilung des Sprachgebietes scheidet sich ebenfalls in zwei Gruppen: in eine südliche und eine nördliche. Die erstere: die „Wasunger-Amt-Sander Gruppe" (III.) liegt zwischen der Herpf und der Rosa, durchschnitten von der Katza und der Schwarzbach, und an der Felda, von Erbenhausen abwärts bis unter Fischbach herab, wozu dann noch die Lotte (linker Nebenbach der Felda) und die Weida (zur Ulster) kommen mag; rechts der Werra aber haben wir noch das Land zwischen der Wallbach und der Schmalkalbe bis an die Vorberge des Thüringer Waldes hin. Letztere, kurzweg Salzungen (IV.) benannt, nimmt das Gebiet der Werra von der Rosa und der Schmalkalbe an abwärts bis zur Ellna, Suhl und dem Moorgrund mit dem nordwestlichen Ende des Thüringer Waldes ein.

Obwohl diese 4 Gruppen, deren Entstehen im Kleinen wie das der Provinzial-Dialekte sich verhalten mag, viel mit einander gemein haben, so u. A. die Kürzen und Längen, die Dehnungen und Kürzungen mit geringen Ausnahmen, das dunkele a, die Ausweichung des ü in ö, eu in ä und mancherlei Zerdehnungen, so besteht doch zwischen den einzelnen Gruppen ein, wenngleich nicht immer sehr merklicher Unterschied, weniger jedoch in der Flexion als in den Lautübergängen. Am schroffsten stehen sich die südliche und die nördliche Hälfte des Sprachgebietes gegenüber. Der Hauptunterschied zwischen beiden liegt nächst der Verkleinerungssylbe le, che in den Diphthongen au, ei, eu, welche in letzterer wesentliche Veränderungen erleiden. Zwischen den zwei Unterabtheilungen dieser Hälfte, der III. und IV. Gruppe, findet ein großer Unterschied nicht Statt. Innerhalb der zwei Gruppen der südlichen Abtheilung, der I. und II. Gruppe, ist die Abweichung auch nicht so groß. Dieselbe beschränkt sich nur auf die Verschiedenheit der

Aussprache einiger Diphthonge und Hauptlaute, auf das Vorkommen und Fehlen von Zerdehnungen und die Verkleinerungssylbe le, lich.

Uebergänge kommen, analog der allgemeinen Sprachgebiete (Sprachen, Dialecte), sowohl zwischen unserer Mundart und den angrenzenden Dialecten, als zwischen den einzelnen Gruppen derselben selbstverständlich auch vor. Im Norden und Nordosten geht die Mundart allmälig in den Thüringischen, im Süden und Südosten in den Fränkisch-Bayerischen, im Westen und Nordwesten aber in den Fränkisch-Hessischen Dialect über. Uebergänge zwischen den einzelnen Gruppen finden sich u. A. bei Mellers, I. und III., Wallborf, Eußenhausen, Ellingshausen, Nordheim v. d. Rhön, II., I. (Grenze zwischen der Verkleinerungssylbe che [in Mädchen] und le, lich). Lengfeld neigt zur Schleusinger, Siegritz zur Hildburghauser-Itzgründer Mundart, während Suhl viel Aehnlichkeit einestheils mit der Wasunger, anderntheils mit der Grabfelder Mundart zu haben scheint. Von den Ortschaften an der Werra (I.) haben u. A. Obermaßfeld und Meiningen die meiste Aehnlichkeit mit einander; das ganz nahe Untermaßfeld neigt schon zum Grabfeld, während das ebenso nahe Einhausen Laute von II. aufweist.

So fehlt es auch nicht an Sprüngen und Verwischungen, wie später noch gezeigt werden wird. Zu den Ortschaften, welche keinen reinen Dialect haben, gehören Geba und Zillbach. Ersterer, meist von Tagelöhnern bewohnt, hat Formen aus verschiedenen umliegenden Orten in sich aufgenommen; die Bewohner von letzterem haben das nhd. der daselbst wohnenden verhältnißmäßig zahlreichen Forst- und anderen Beamten nachgeahmt. Auch die Residenzstadt Meiningen mit ihrer zahlreichen Beamten- und Militärbevölkerung, sowie die der Stadt nahe liegenden Dörfer Dreißigacker, Helba und auch Untermaßfeld sprechen ihre Mundart nicht mehr rein. Schließlich könnte man noch Sprachinseln annehmen, wenn man damit die Ortschaften bezeichnen wollte, deren Mundart sich wesentlich vor der ihrer Umgegend auszeichnet. Zu diesen Ortschaften zählt z. B. das Dorf Bibra (I).

Es finden übrigens innerhalb der einzelnen Gruppen des

Sprachgebietes noch mancherlei Lautübergänge, Nüancirungen in den Vocalen, und sonstige Eigenheiten bezüglich der Aussprache genug Statt, wie schon Brückner bemerkt, indem fast jedes Dorf seine eigene Mundart hat. Wollte man alle diese Besonderheiten und Eigenthümlichkeiten angeben, so müßte man die Mundart eines jeden Ortes besonders behandeln, wozu aber eine Riesenkraft und Methusalems Alter erforderlich sein würde. Von einem völligen Erschöpfen des Gegenstandes, auch nur innerhalb der von mir gezogenen Grenzen, kann daher schon aus dieser Ursache nicht die Rede sein. Dennoch hoffe ich ein möglichst getreues Bild unserer Mundart, insbesondere meines lieben Geburtsdorfes Obermaßfeld, welches ich zum Mittelpunkte genommen, gegeben zu haben. Während sich das, was die Lautverhältnisse betrifft, auf alle vier Gruppen bezieht, beschränkt sich das über die Flexion Gegebene mit wenigen Ausnahmen nur auf das genannte Dorf. Eine specielle Tabelle über die Lautbewegung in den verschiedenen Ortschaften des Sprachgebietes, welche ich dem Schriftchen beizugeben gedachte, mußte aus Rücksicht des Kostenpunktes unterbleiben. Vielleicht findet sich später Veranlassung und Gelegenheit, dieselbe noch folgen zu lassen.

Was die Behandlung des ziemlich reichhaltigen Stoffes anlangt, so habe ichs versucht, denselben nach dem Muster Dr. Regels „Ruhlaer Mundart" zu ordnen. Ich sage versucht; denn vieles von dem, was in dem gediegenen Werke steht, mußte mir aus naheliegenden Gründen unverständlich bleiben. Es wird daher Manches nicht an seiner richtigen Stelle stehen und mancher Irrthum angetroffen werden; was ich niedergeschrieben habe, beruht auf eigener Beobachtung und auf oft mühsamen, aber gewissenhaften Zusammenstellungen. Bezüglich der Mundarten von Suhl, Schleusingen, Schmalkalden, Salzungen (größtentheils), Hildburghausen und einiger wenigen Ortschaften an der Jüchse und Biber habe ich Firmenich und Frommann zu Rathe gezogen. So kommen auch, was wohl gar nicht zu vermeiden ist, Wiederholungen vor, indem ein und dasselbe Wort je nach Bedarf als Beispiel bei den Vocalen, den Consonanten, bei der Wortbildung und der Wortbiegung dienen kann, auch schien es mir wünschenswerth zu sein, obgleich nicht wohl gerechtfertigt, wenn

Einiges aus meinem „Volksthümlichen" und aus Frommanns „Deutschen Mundarten" der Vollständigkeit halber mit aufgenommen würde. Durch Versehen ist bei der Conjugation das Verbum sieben zwei Mal aufgeführt worden, nämlich unter dem Präteritum ô (Seite 60), wohin es nicht gehört, und unter dem Prät. o (Seite 62¹), wo es stehen muß. Ich bitte dies entschuldigen zu wollen. Was mir sonst noch von Bemerkenswerthem während des Druckes eingefallen ist, hat seine Stelle in einem Nachtrag gefunden.

Die Lautzeichen anlangend, so sind dieselben der Schreibweise Fr. Sterzings nachgebildet; ich habe mir aber hier und da einige kleine Aenderungen erlaubt, indem ich namentlich die „fetten" Buchstaben und das auf dem Kopfe stehende tonlose e, welches letztere zumal das Auge beleidigt, vermieden und durch andere ersetzt habe. Die Orthographie richtet sich überhaupt nach der alten Regel: „schreibe wie du sprichst", d. h. ohne Rücksicht auf die Schreibweise im nhd.; an kleineren Verstößen wird es auch hier nicht fehlen.

Für die mir mitgetheilten Sprachproben, für deren Richtigkeit ich glaube einstehen zu können, sage ich den betreffenden Herren meinen aufrichtigen Dank. Hiermit übergebe ich dem geehrten und gelehrten Publikum meine Arbeit mit der Bitte, derselben die nämliche freundliche Aufnahme und gütige Nachsicht schenken zu wollen, wie solche meinem „Volksthümlichen" zu Theil ward.

Meiningen, im Christmonat 1872.

Der Verfasser.

Inhalt.

I. Die Laute.

                                              Seite

A. Die Vocale.
- a) Die einfachen Kürzen 1
- b) Die einfachen Längen 3
- c) Brechung 5
- d) Verdunkelung 6
- e) Ausweichung 7
- f) Andere Lautübergänge 11
- g) Unverändert gebliebene Umlaute 12
- h) Unverändert gebliebene Diphthonge 12
- i) Dehnung 14
- k) Kürzung 15

B. Die Consonanten.
- a) Die Schmelzlaute 18
- b) Die Lippenlaute 19
- c) Die Kehllaute 20
- d) Die Zahnlaute 21

II. Wortbildung.

A. Ableitung.
- a) Die Vorsylben 23
- b) Die Nachsylben 24

B. Zusammensetzung.
- a) Verschiedenes 29
- b) Zusammensetzungen in gebundener Form 29
- c) Der Volkssuperlativ 30
- d) Tauf- und Familiennamen 31

C. Anlehnungen. 31

D. Verschleifungen.
- a) Verschiedenes 32
- b) Flur-, Orts- und Taufnamen 33

E. Corruptionen.
- a) Substantiven 33
- b) Adjectiven, Verben und andere Redetheile 34

F. Verkleinerung 35

III. Wortbiegung.

A. Das Substantivum. Seite
- a) Das Genus 37
- b) Der Numerus 39
- c) Der Casus 43
- d) Declination.
  1. Der bestimmte Artikel 44
  2. Der unbestimmte Artikel 44
  3. Declination des Substantivums 44

B. Das Adjectivum.
- a) Declination.
  1. Mit dem bestimmten Artikel 45
  2. Mit dem unbestimmten Artikel 47
- b) Die Gradation 48

C. Das Pronomen.
- a) Das geschlechtslose Pronomen 49
- b) Das geschlechtliche Pronomen 49
- c) Das Pronomen possessivum 50
- d) Das Pronomen demonstrativum 52
- e) Das Pronomen relativum 52
- f) Das Pronomen interrogativum 53
- g) Das Pronomen infinitivum 54
- h) Der Pronominal-Genitiv 54
- i) Das Pronomen „solches" 55

D. Das Zeitwort.
- a) Der Infinitiv 56
- b) Das Participium 57
- c) Die Conjugation 57

IV. Ueber den Gebrauch einiger Redetheile 64
V. Wortformen aus fremden Sprachen 66
VI. Einige Wörter, welche in der Mundart, oder in ein und der anderen Gruppe fehlen 68

Anhang.

Sprachproben 70
Nachtrag 85

I. Die Laute.

A. Die Vocale.

a. Die einfachen Kürzen.

1. a. Das a mit kurzem hellen Klange ist ziemlich verbreitet. Eine Anzahl desselben hat sich verdunkelt, während andere in è übergegangen sind. Dasselbe findet sich vor den Doppelconsonanten mm, nn, ll, rr, pp, ff, ck, ch, ſſ, tt, tz, und den Lautverbindungen ng, nſ, nz, pf und pſ. Beispiele sind: lamm n., verdammt, stammel(n), damm m.; wann(e) f., pfann(e) f., kann(e) f., dann(e) f.; fall m., knall m., schall m.; aff(e) m., pfaff(e) m., waffe f.; lappe(n) m., rapp(e) m., bapp f (m.), Pappe, knapp, schnapp(en); nacig nackend, racker m., Scheltn., backe(n) m., und verb., jacke f., knack(en); mach(en), lach(en), rache f., bacht m., wach(e) f., fach n., lachel f., sache f.; masse f., lass(en), (Meining. läss), rasse f., hasse, pl. Knochenstücke von dem Bein eines geschlachteten Thieres, tasse f., Kassel, dasse f.; matte m., von der Molke entfernte geronnene Milch, latte f., ratte f., blatte f., watte f.; batze(n) m., tatz(e) f., schatz m. Liebhaber, Liebhaberin; mang(e) f., lang(en), range(n) m., Rain, Abhang, bang(e), fang(en), schlange f., stange f., zange f.; angst f.; Hans, wanst m., franse f., lanze f., ranz(en) spielen, sich begatten, und m., schanze f.; apfel m., zapfe(n) m.; klapps m., Schlag mit der flachen Hand; kapsel f., schnaps m. Die übrigen Fälle folgen weiter unten bei den Consonanten.

2. i. Fast ebenso zahlreich sind die Fälle mit dem kurzen i, obwohl auch hier ein großer Theil in é und ĕ (è) ausgewichen ist. Dasselbe steht vor den Doppelconsonanten mm, ll, pp, ch, ff, tt und den Lautverbindungen nt, nz, nd, st. Beispiele: flimmer(n), gewimmel

n., himmel m., ſchimmel m., ſchimmer m., zimmer n., wil=
lig, ſchiller(n) glänzen, dill m., driller m.; lippe f., rippe
f., ſchnippiſch vorlaut, naſeweis, zippe f.; kniff(e) pl., hiffe f.
Hagebutte, ſchiff n., Ricke Friederike, wickel(n), fickel(n) geigen,
waſchen, gick(en) ſtechen; licht n., richt(en), richter m., richtig,
wichtig, fichte f., ʒericht n., ʒewicht n., ʒeſicht n., ʒedicht n.,
drichter m.; bis; ritter m., bitt(e) f., ʒewitter n., ʒitter n.,
littel m., zitter(n) und f.; — winkel m., flink; winzig;
inſel f., ʒewinſel n., ʒewinnſt m.; flinte f., ʒeſchwind;
gyps m.; miſt m., liſt f., liſte f., riſter n., fiſtel f., liſte f.,
diſtel f.
3. u. Viel beſchränkter ſind die Fälle mit dem kurzen u, da eine
ziemliche Anzahl von demſelben theils in das helle, theils in das
verdunkelte o (å) ausgewichen iſt. Daſſelbe findet ſich beſonders vor
ll, pp, ff, ck, ſſ, ſch, ſt und ft: huller(n) rollen, ſchieben; buppe f.,
kuppe f., ſchnuppe m. Schnupfen; muff m., buff(en) ſtoßen;
mucker m., rucker(n) ſich hin und her wenden, bewegen, buckel m.,
bucker m., Scheltn., guck(en) betrachten, anſehen, fuckel(n), be=
trügen, beim Karten ein falſches Blatt unterſchieben; hä muß er
muß, Ruſſ(e) m.; pfuſcher m.; bruſt f., huſt(en), ſchuſter m.;
mutter f., butter f., futter; luchs m., fuchs m., luft f.,
ſchuft m., duft m.; dulpe f.
4. é. Daſſelbe kommt nur bei den Brechungen und bei der Aus=
weichung vor; es ſind jedoch auch Fälle vorhanden, in welchen ſich
das e verbreitert hat. Sonſt lautet es wie das nhd. ä. Bei=
ſpiele der letzteren Art vor nn, ll, ff, ck, ch, ſt und tz, vor lt, ng
und nſt ſind: nenn(en), kenn(en), brenn(en); bell(en), fell
(felln) n., hell, ſtell(en); pfeffer m., dreff(en); neck(en),
weck(en), fleck n., geck m., hecke f., ſteck ſtecken, ſtecke(n) m., deck(e)
f.; reche(n) m., hechel f., ſprech(en); weſte f.; metze f., netz(en)
und n., wetz(en), ſetz(en); — welt f., ſchelt(en), zelt n.; ben=
gel m., hengel m. Henkel, dengel(n) die Senſe, Sichel ſchärfen,
ſtengel m.; fenſter n. Verbreiterungen haben Statt vor rr, rn,
rz: hèrr m., lèrn(en), fèrn, gèrn, tèrn m., mèrʒ m., hèrʒ n.,
ſchmèrʒ m. Die überwiegende Zahl der Ortſchaften von I. ſpricht
das e wie im nhd. aus; in den übrigen Gruppen lautet es bald
höher, bald tiefer; in II. ſcheint letzteres vorzuherrſchen.

5. o. Von dem hellen kurzen o sind nur wenige Beispiele bekannt; Verdunkelungen in â haben ihm einigen Abbruch gethan. Der rein= gebliebene Vocal steht vor den Doppellauten mm, ll, ck, ch und tt, wie folgende Beispiele zeigen werden: fromm, komm(e), sommer m., drommel f.; nonne f., wonn(e) f., von (vô), sonn(e) f., donn(e) f.; voll (vôl), soll, zoll m., doll; locke f., hoch(en), dockter m., Doctor; noch (nôch), boch(en), koch m., doch, dochter f.; motte f., rotte f., flott, flotte f., gott m., hotte f. finstere Miene, spott m., stotter(n). Hierzu noch einige Fälle, in welchen das o wie im Schriftdeutschen etwas dunkeler klingt, und dies besonders vor den Lautverbindungen rn, rg, rch: korn n., horn n., sporn m., dorn m.; sorge(n) und f., morge(n) m., borg(en), horch(en). Es kommen auch Fälle vor, in welchen das o wie a ausgesprochen wird, wie z. B. in Wölfershausen (I.): karn, darn, marge. Die noch übrigen Fälle stehen theils bei den Consonanten, theils bei der Wortbildung.

b. Die einfachen Längen.

1. â. Dasselbe findet sich nur in dem zu a ausgewichenen e vor. Verdunkelt ist es sehr verbreitet und steht vor den Consonanten l, b, f, g, ch, s und d, t. Beispiele sind: jâ ja, jû als Verstärkung fast veraltet, in III. (Wasung.) jedoch noch lebendig, wâl f. (m.), kâl, sâl m., bâl n., bâler m.; nâbe f., nâbel m., gâbe f., grâb n. (Wasung. grâ), grâbe(n) m., hâbe f., schnâbel m.; gâfel f., grâf m., schâf n., schlâf m.; mâger, lâger n., plâg(e) f., wâg(e) f., f.râg(e) f., klâg(e) f., krâge(n) m., schwâger m.; nâch, sprâch(e) f.; nâse f., râse(n) m., wâs, bâs f., Vase, grâs n., hâs(e) m.; bâd n., bâder m., vâter (vât= ter), râd n., fâde(n) m., pfâd m., gnâd(e) f., grâd, sâl m., dât f., stâd m. und f., stâdel m., bâdel m., Tadel; kâzer m., Kater.

2. Das alte î (Regel 7.) ist mit wenigen Ausnahmen nur in III. und IV. vorhanden: rî f. Reihe, wîde f., Weide, hâlpschîd, f., Halbscheid, zwîspitze, f., Zwiespitze, Handwerkszeug des Maurers, Steinmetzen. Dagegen ist die Zahl der durch Dehnung der alten Kürzen, sowie der durch Verengung des ursprünglichen Doppellautes ie in nhd. Weise entstandenen Längen (Regel 8) ziemlich beträchtlich.

Dieselben finden sich vor den Consonanten n, l, r, b, p, g, f und t: vî n., knî n. (Waf. knîe), bî(ne) f., spîl n., stîl m., zîl n., vîl(e) f.; bîr n., vir, frîr(en), schîr (wenig üblich), stîr m., bî(r), vir n.; lip f., Liebe, fîp n., bîp m.; lîg(en), rîgel m., bîg(en), wîge f., flîge f., flîg(en), krîg(en), sîgel n., bîgel m.; rîs(e) m., wîse f.; grîs m., lîs m., spîß m.; mît(en), lîb n., bît(en), glîd n., zefrîde zufrieden. Hierzu noch die Zerdehnung hîe, hier, da. î vor r lautet auch wie îe.

3. û. Das zu u verengte o (Regel 9), welches nicht sehr zahlreich vorhanden ist, steht außer einigen Fällen, in denen der Endconsonant fehlt, vor m, n, l, f, g, f und b, t, als: rû f., lû f., zû (ze); — dûm thum, rûm m.; nû(n), hû(n) n.; Rûl, Ruhla, Sûl Suhl, schûl(e) f. Eine Ausnahme von der Regel macht das Compositum schullmêster m. Schulmeister; rûf m., hûf m., schûf; lûg, ohne Artikel, fûg(e) f., bûch n.; bûße f., fûß m.; lûder n., Aas, schlimmes Scheltw., bûdel m., brûder m., stûde f., mût m., rûte f., blût u., flût f., gût n., glût f., hût m. Mit Zerdehnungen ûer f., rûer u., flûer f., fûer f., lûer f., hûer f., schûer f., schnûer f., schwûer m., spûer f. Im Süden von I. (Grabfeld) und in III. kommen auch Zerdehnungen bei Formen ohne Endconsonanten vor, so: rûe f. Ruhe, hûe n., Huhn; in letzterer Gruppe desgleichen vor t: blûet, gûet, hûet, doch auch juid m., Jude.

4. ê. Das lange e, welches in nicht sehr zahlreichen Fällen vorhanden ist, findet sich besonders vor den Consonanten l, r, g und d: bê Buchstabe B, ze Buchstabe c; hêlig sehr, sêlig; êbe(n); mêr n.; begêr(en), beschêr(en), lêr, wêr(en), verzêr(en), hêr n., lêr(en), sêr, dêr m., Theer; flêgel m., Scheltw., kêgel m. (kâl veraltet); êsel m., wêdel m., Fichten-, Tannenzweig; jêder, spêdel m. Zipfel, Ecke von einem Stück Tuch, Leinwand, jêder f. Zerdehnt sind: mêä mehr (in mehreren Ortschaften von I., zumal im Grabfeld mîe), mêhäp mähen, bêhä bähen, wêhä wehe, flêäl m., Dreschflegel, gêhä gehen, zehêä fest anliegend, anschließend, zeschêhä geschehen, stêhä stehen, drêhäp drehen, sêäl f., Seele (Rohrseul), Sêäb Seeba, schwêhär m., Schwiegervater. Wie ä lautend erscheint das e in lâ legen, râ m., Regen, wâ (im) Weg, pflâg pflegen, sâge m., Segen, dâge m., Degen. ê vor r auch wie êä.

5. ô. Noch geringer ist die Zahl der langen o, von welchen sich ein Theil zu u verdunkelt hat. In folgenden Fällen hat es sich rein erhalten vor den Consonanten m, n, l, b (p), f, ſ und d, t: strôm m.; ône, môn m., mônd m. (mon, mön, veraltet, Waſung. mûen), krône f., dô(n) m., Ton, ſô; wôl, hôl(en)¹, dôle f. bedeckter Kanal; ôbe(n), lôp n., gôbeß m., Scheltn., glôbe(n) m., dôp, toben; ôfe(n) m., hôf, m.; hôfe f., (dôſt m., Moos); môde f., môdel m. Muſter, Verzierung an einem Weiberſtrumpf, bôde(n) m., bôt(e) m., rôd(en), hôde f., pfôte f., knôte(n) m., zôte f.

c. Brechung.

1. i in e. Dieſelbe vollzieht ſich in 3 Abſtufungen, vom Hellen zum Dunkeln abwärtsſteigend, nämlich in é ë (ä) und ė. Es ſind dies ſämmtlich Kürzen vor den Verdoppelungen mm, nn (nd), ll, ck, ch, tt und tz: lémme f. Kimme, ſchlémm (in II. und III. ſchlömm); én in, rénn rinnen, ǧewénn gewinnen, ſpénn ſpinnen; ſtélle ſtill; néck nicken, béck picken, wécke f., Wicke, pféffig pfiffig, fléck flicken, ſtéck ſticken, ſtréck ſtricken, ſpéck ſpicken, zwéck zwicken, déck dick; Méchel, ſéchel f., ſtéchel ſticheln; métt f., Mitte, Taille, méttel n., der méttelſt, der Mittelſte, rétter n., Ritter, groblöcheriges Sieb, bétter bitter, glétſch glitſchen, ausgleiten, dréttel n., Drittel; métz mitzen, rétz ritzen, Frétz, hétz f., Hitze, ſétz ſitzen, ſchwétz ſchwitzen, ſpétz ſpitzen; vor nd noch blénd blind, rénd n., Rind, (üblicher [auch in III. häufig,] rëndvi¹, lént n., Kind. In II. und III. ëi (éi): blëind, rëind, lëint. Die übrigen Beiſpiele ſind bei den Conſonanten zu finden.

Das offene ë (ä) ſteht beſonders vor den Lautverbindungen ng, nk und nt: rëng ringen, brëng bringen, ǧerëng gering, ſëng ſingen, ſprëng ſpringen, pfëngſte pl. Pfingſten; lënks links, rënke m., Ring, wënk winken, fënk m., Finke, dënk n., Ding, drënk trinken, zënke m., Zinken; wënt m., Wind, dënte f., Tinte. Im Süden und SO. von I., beſonders im Grabfeld, meiſt é: spréng, wénk; in III. ëi (éi): wëinter, ǧerëing, ſëing.

Das verbreitete è ſteht vor r in Verbindung mit n, ch, ſch, und t: èrr irren, ǧewèrr n., Gewirre, ǧeſchèrr n. Geſchirr, nèrn pl., Nieren, auch Hirn, beſonders das vom Schwein, bèrn f., Birne, ſtèrn f., Stirn; kèrche f., Kirche, kèrſche f., Kirſche, Hèrſchle,

Hirſchchen, Judenn.; wèrte f., Wirthin, hèrt m., Hirte, hèrte f., Hirtin. Ganz verdunkelt iſt kårr kirre, zahm. Auch dieſes e lautet heller im S. und SO. von I. und faſt wie å.

2. ë in ë. Die wenigen Fälle ſind Kürzen mit einer einzigen Länge: hëll f., Hölle, lëffel m., Löffel, blëk blöken; zewên gewöhnen. Das Weitere bei den Conſonanten und bei der Wortbildung.

d. Verdunkelung.

1. a in å. Die Längen ſind bereits oben unter b. 1 angeführt worden. Die nicht ſehr zahlreichen Kürzen kommen beſonders vor den Verdoppelungen k und ch, vor chs und ſt vor: jåmmer m.; wåkel(n), gåkel f., Ei, Kinderſpr.; åch, åcht, nåcht f., (III. naïcht), bråcht f. (m.), wåchtel f., zemåcht, zedåcht, ſchåchtel f., dråcht f.; håtz f.; wåchs n. (In II. und III. wåes; in I. veraltet), låchs m., Såchs m., båchs, daneben båchs m.; håſpel f., zåſpel f., Zahl (Garn); måſt f., låſt f., råſt f., fåſt; håſt f. (m.).

2. o in å. Ein einziges Beiſpiel liefert die Kürze: hålz n.

3. o in u. Mit Ausnahme einiger wenigen Fälle gibt es hier nur Längen ohne und mit Zerdehnungen. Erſtere ſtehen vor (n), ſ und t, letztere vor r: bu (wu, bûe) wo, frû froh, ſtrû n., Stroh; lû m., Lohn, lûner lodern, ſû m., Sohn; lûs n., Loos, blûß bloß, rûſe f., Roſe, grûß groß, klûß m., Kloß, ſchûß m., Schoß, dûſe f., Doſe; ûſter pl. Oſtern; drûſt m., Troſt; nût f., Noth, lût n., Loth, rût roth, dût todt und m. Im S. von I., in II. und III. finden da meiſt Zerdehnungen Statt, ſowohl mit ûe als mit ui; letztere jedoch nur in II. und III.: rûet, dûet, gruiß. Allgemein aber: ûer n., mûer m., Mohr, flûer m., Rûr Rohra, rûer n., Rohr; dûer n., Thor. Die erwähnten Ausnahmen ſind: uſſer ochſern, beſpringen, vom Rindvieh, ruſſi f., Roßne, uſſ m., Ochſe. Im Grabfeld, I., meiſt åſſ auch åeſſ.

Mit dem Umlaut ü werden noch folgende Beiſpiele, theils Kürzen, theils Längen mit und ohne Zerdehnungen, angeführt: Rümelt Römhild (im Grabf. Råmmelt), Rů f., Rhön, hú f., Höhe, hůlåchel höniſch, ſpöttiſch lächeln, lûsle n., Löschen (Semmel), růtel m., Röthel, lütze f., Kötze; — úer Oehr, vúer vor,

Múër Möhra, rúerig n., Schilfrohr, húer, hören, stúer stören. In I. größtentheils, in II., besonders vor h, s, d, durchgehends úe, in III. und IV. bald úe, bald ú: húe, Rúe, búes, múed.

3. o zu ŏ. Sämmtlich Kürzen vor ck, ch und pf: răcke(n) m., Rocken, băck bocken, Flachs brechen, brăcke(n) m., Brocken, glăcke f., Glocke, săcke(n) m., Socken, dăcke f., Docke, Puppe, drăcke(n) trocken; kŏch kochen, knŏche m., Knochen; klŏpf klopfen, hŏpfe m., Hopfen, stŏpf stopfen, drŏpfe m., Tropfen; fŏtz f., Fotz vulva. Im S. und SO. von I. meist o. Die übrigen Beispiele bei der Wortbildung.

4. i in ë, i in ú. Nur wenige Fälle, jene Kürzen, diese Längen, sind bei dieser Verdunkelung zu verzeichnen: ömmer immer, zömmer zimmern, krüppe f., Krippe, zöpfel m., Zipfel, löffe n., Kissen, sprötze f., Spritze, knöttel m., Knittel, sölber n., Silber; — sú sie, múder n., Mieder.

e. Ausweichung.

1. e in a. Es sind dies Kürzen und Längen, welche vor den Consonanten m, l, b, ch, s, z, d und t stehen: nâm nehmen, mâl n., Mehl, fâler m., Fehler, fâl sehlen, kâl f., Kehle; âbe eben, lâbe n., Leben, lâber f., Leber, lâpkuchche m., Lebkuchen, wâber m., Weber, râbes m., Rebes, Gewinn, Judendeutsch, gâ, gâb geben, Gâ Geba, Dorf und Berg, wâk m., Weg, stâk m., Steg. (Im W. der III. und einigen Orten der II., so auch in IV. wèèk, stèèk.), bâse m., Besen, wâse n., Wesen; lâder n., Leder, bât beten, fâder f., Feder, knât kneten, drât treten; brâzel m. (f.), Brezel; — bann, benn wenn, racht m., Recht, recht, knacht m., Knecht (III., IV. knăcht), schlacht schlecht, spacht m., Specht.

2. a in o. Meist nur Längen ohne und mit Zerdehnungen. Es sind deren nur wenige. Erstere finden sich besonders vor m und n; letztere vor m und n, l, r, s und t: kommer f., Kammer, sommel sammeln; ô an, bô f., Bahn, zô m., Zahn, nôme m., Namen, lôm lahm, rôm m., Rahmen, sôme m., Samen; — nôe nahe, blôe m., Plan, spôe m., Span, dôe da; ôel m., Aal, môel mal und n., Mahl, môeler m., Maler, stôel m., Stahl, bôer baar und n. Paar, rôer rar, fôer fahren, jôer n., Jahr, gôer gar, gahr, gewôer gewahr, gefôer f., Gefahr, hôer n.,

8 Ausweichung.

Haar, schôer f., Schar, Pflugschar, spôer sparen, zwôer zwar; des n., Aas, blôese f., Blase, flôes m., Flachs; môet f., Mahd, nôet f., Nath, nôebel f., Nabel (nèlle, veraltet. [In der Rhön, bei Gersfeld, ein Brüderpaar von Bergkegeln: die „große und kleine Nalle"]), rôet rathen und m., Rath, brôete m., Braten, flôet m., Unflat, gnôed f., Gnade, rôet f., That, drôet m., Draht, sôet f., Saat; — ôers m., Ars, ôert f., Art, bôert m., Bart, Hôert f., Haart, Flur=, Bergname; hôerz n., Harz. In IV, z. B. in Salzungen, auch in Meining. und in manchen Ortschaften von I., kommen diese Zerdehnungen seltener vor; man nimmt hierfür lieber â. Dagegen gibt es einzelne Ortschaften im S., SO. und SW. von I., ausnahmsweise auch von II., welche statt ôe ôa, hin und wieder auch âu haben.

3. a in è. Die hierher gehörigen Fälle sind durchgehends Kürzen, welche vor rr, rn und rt stehen: nèrr m., Narr, Bèr Barbara, bèrrn m., Barren, pfèrr m., Pfarrer, fèrr f., Farbe; lèrche f., fèrrn m., Karren, derfèrn erfahren (Kürzung); mèrt m., Markt, Mèrte Martin, bèrte f., Barte, kleine Axt, wèrt warten, gèrte m., Garten, tèrte f., Karte, kèrdoffel m., f., Kartoffel. Die Mehrzahl der Ortschaften in I. hat a; in II., III. und IV. da= gegen verdunkelt sich das a zu â.

4. ä in a. Mit Ausnahme eines einzigen Falles (schaffer m., Schäfer) nur Längen, die sich vor den Consonanten m, n, b, f, s und d finden: krâmer m., Krämer, schâm schämen; gân gähnen; sâbel m., Drâbes Träbes, Dorf an der Geba; kâfer m., Käfer (Meining. kâwer); kâs m., Käse; nâdere f., Näherin, schâdel m., Schädel, hä zâlt er zählt. In IV. und in manchen Orten von II. und III. krèèmer, fèèbel; Rohra hat fâbu.

5. ä in é. Die wenigen Fälle sind: spêä pl., Späne, sêäp säen, eisêdel einfädeln, rêdle n., Rädchen, pfêdle n., Pfädchen; wéffer wässern, glêß glänzen; spêät spät. Vergl. übrigens die Verkleinerung und die Pluralbildung.

6. u in o. Kürzen vor den Verdoppelungen mm, pp, tt, ß, pf, und den Lautverbindungen mp, mpf, ng, nk, nd, nst, lz, rg, rch und rz; vor mp, mpf, ng, rg, rk, rz tritt eine Verdunkelung ein: kommer m., Kummer, hommel f., Hummel, domm dumm; dommel tummeln; knopp knuppern, soppe f., Suppe, schnopper schnup=

pern; zoder m., Zucker; botte f., Butte, moze m., Mutzen, Männerrock (veraltet); kopfer n., Kupfer; dock tunken; rond rund, bont bunt, pfont n., Pfund, ḡesond gesund, grond m., Grund, hont m., Hund, spont m., Spund; scholz m., Schulze (scholles veraltet); konst n., Kunst, donst m., Dunst; — lamp m., Lump, kramp krumm; kampf m., Sumpf, stampf stumpf und m., Strumpf, drampf m., Trumpf; hanger m., Hunger; jang m., Junge, jank jung, sprang m., Sprung, zange f., Zunge; ranke m., Runken, großes Stück Brod; gargel f., Gurgel, faricht f., Furcht und Furche; garke f., Gurke; barzel purzeln, karz kurz. Im S. und SO. von I. statt der Verdunkelung ein reines o; hier, theilweise dort, auch Ortschaften, welche mehrere von den angeführten Wörtern wie im nhd. aussprechen. In II. und III. hingegen haben die Formen vor nd oi (öi, ái): pfoind, groind, hoind, vor ng, áu (áui): jáung.

7. ü in ö. Die hier verzeichneten Ausweichungen, welche gleichfalls zu den Kürzen gehören, stehen vor den Consonanten m, n, l, p, ck, ch, f, t, z, und den Lautverbindungen rt, und rz. Besonders zahlreich sind die Beispiele vor ck: lömmel m., Lümmel; sönn f., Sünde, dönn dünn; möller m., Müller, bröller m., Brüller, Heerdochse, föll füllen, hölsche f., Hülfe, hölef f., Hülfe; löppe f., Lüppe, hölzerne Wasserkanne, döppele n., Tüpfelchen, Punkt auf dem i; möcke f., Mücke, löcke f., Lücke, röcke m., Rücken, röck rücken, baröcke f., Perücke, böck bücken, bröcke f., Brücke, pflöck (pfläck) pflücken, kröcke f., Krücke, stöck n., Stück, böck tücken, bröck drücken; köche f., Küche; schössel f., Schüssel, schlössel m., Schlüssel; hötte f., Hütte; nötz nütz, nützen, schötz schützen, schmötz schmützen, küssen; pfötsche f., Pfütze, hötsch hütschen, rutschen. Verdunkelt sind: dörr dürr, köche f., Köchin, mi förn wir führen, mi störn wir stören (Kürzung); gärtel m., Gürtel, ḡewärz n., Gewürz hård f., Hürde, schärze f., Schürze.

8. au in a. Mit Ausnahme von zwei Fällen: raff f., Raufe, daff, daffet f., Taufe, Kindtaufe, durchgehends Längen, die sich vor m, b, (p), f, g, ch vorfinden, als: frâ f., Frau, dâ m., Thau, ḡenâ genau; bâm m., Baum, drâm (drèèm) m., Traum; lâp n., Laub, stâp m., Staub; lâf m., Lauf, kâf m., Kauf; âg n., Auge, râch m., Rauch, und die Zerdehnung Klôes Klaus, Nikolaus.

Hieran knüpfen sich noch die Formen, in welchen sich das u zu w
verwandelt hat: kláwe pl. Klauen, háwe f., Hacke, Haue, pfáw
m. (f.), Pfau, fráwe f., Frau. Von den beiden letzteren Formen,
die in I. (wenigstens in Obernaßfeld) nicht mehr gehört werden, ist
fráwe in III. (Wasungen) noch üblich. In der I. Gruppe haben
einige Ortschaften statt ág aug. Für raff und daff haben II.
und III. ráuff, dáuff, dáuffet; für drâm steht in I. bald á,
bald â, doch auch è, während II. durchgehends aï hat. In III.
wechselt a mit aï ab.

9. au in e und á. Bis auf drei Längen: blåe blau, gråe
grau, blåekúl m., Blaukohl, Kürzungen, weshalb auf diese ver=
wiesen wird.

10. au in èè. Auch hier ist nur ein einziger Fall zu erwähnen,
nämlich glèè glauben. II. und III. haben für èè aï; die südlichen
und südöstlichen Ortschaften von I. meist á, und zwar ein sehr hohes,
dem é gleichkommendes ä. Vergl. die Kürzungen.

11. ei in é. s. Kürzungen.

12. ei, ai in á. Meist ebenfalls Kürzungen. Die wenigen
hierher gehörigen Beispiele sind: zwá zwei (zwû, veraltet, in III.
theilweise noch üblich), Mánz Mainz, ģebrát n., Gebreite, hánz
m., Heinz, das Männchen vom Kaninchen. In III. èè, á, eï (ëi)
und aï.

13. ei, ai in èè. Zu diesen sehr verbreiteten Lautübergängen,
deren Kürzungen weiter unten folgen, gehören die Formen: èè n.,
Ei, èèmer m., Eimer, lèème m., Lehm, hèème pl., Heimchen; èège
eigen, èègesî m., Eigensinn, èèdem m., Eidam; mèè m., Mai,
und Main, rèè m., Rain und rein, bèè n., Bein, ģemèè gemein
und s., Gemeinde, hèèbüchche hainbuchen, klèè klein, stèè m.,
Stein; sèèl seil, hèèl heilen, hèèllûs heillos, sèèl n., Seil, dèèl
m., Theil; èèsig einsach; nèèg f., Neige, zèèger m., Zeiger, fèèg
feige, dèèk m., Teig; blèèch bleich, wèèch weich, m., Wäsche; èès
eins, mèèse f., Meise, rèès f., Reise, gèèß f., Geis, Ziege, kèèser
m., Kaiser (fast ausgestorben), kèès keins, hèèß heiß, schwèèß m.,
Schweiß; flèèsch n., Fleisch; lèèd leid und n., Leid, rèètel m.,
Reitel, bèède beide, brèèt breit, wèèd f., Weide, klèèd n.,
Kleid, hèèt n., Haid, Haupt, sèète f., Saite, schèède f., Scheide,
Schwèèfáld n., Schweinfeld, Flurname; fèèst feist (wenig mehr

üblich), gèèſt m., Geiſt, deßgl., èènzig einzig. In den meiſten Ort=
ſchaften von I., namentlich im Süden (Grabfeld), ein hohes, faſt zu ê
geſteigertes á; in II., III. und IV. dagegen aï und eï (éi).

14. eu in å. Die wenigen Fälle ſind: fråd f., Freude, hå
n., Heu, ſtrå f., Streu. II. hat bisweilen für hå heu; in IV.
ſteht für fråd fraït.

15. äu in èè: bèèmer f. bäumen, drèèm träumen.

f. Verſchiedene Lautübergänge.

Es ſind dies theils Kürzen, theils Längen, ausnahmsweiſe auch
einige Kürzungen.

1. Kürzen. å für a: åſche f., Aſche, nåſch naſchen, wåſch
waſchen, flåſche f., Flaſche, dåſche f., Taſche; — è für a: brèſch
praſchen, prahlen; — ü für u: jück jucken; — å für ü: pflåck pflücken;
— ö für u: rötſch, hötſch, rutſchen, öm, röm, nöm herum, hinum;
brönn m., Brunnen (III., IV. und W. von II. born), bötz, botz,
putzen, abputzen, figürl. derb abfertigen, nißnötzer m., Nichtsnutzer,
Scheltn.; — å für i: ſchånke m., Schinken (wenig üblich), hierfür
lieber ſchånke), ſchlånker m., geringelte, ordinäre, für die kleinen
Kinder beſtimmte Wurſt, von ſchlingen, winden; — i für ä:
wiſſerle n., Wäſſerchen, durch das Piſſen kleiner Kinder entſtandene
Pfütze, Kinderſpr.; — å für i: kårr kirre, zahm; — å für ö und o:
råtze f., Rötze, hölzerne Vierkanne mit weißen und braunen Dauben,
ſonſt im Gebrauch der Wirthe, råtzer m., Rotzjunge, Scheltn.;
gråſche m., Groſchen; — ö für e (ä): brönn brennen; — ö für
o: ådröckel abtrocknen.

2. Längen. å für â: nål m., Nagel, klå klagen, drå
tragen, ſå ſagen, måd f., Magd, eß dåckert es tagt, Judenſpr.; zål
m., Schwanz, Ende, von zågel; — ó für a: mó (måge) m., Magen,
wó (wåge) m., Wagen, tró (tråge) m., Kragen, Jeſchló geſchlagen,
jedró getragen; — èè für û: nèèr nur; — èè für î: bèèg biegen;
— û für ú: rûbe f., Rübe; — ô für ê: lôer f., Lehre; — èè für
äu: frèèle n., Fräule, Großmutter (in S. und SO. von I. fråle;
in II. III. fraïle); ſèèm ſäumen, beſetzen, von Kleidungsſtücken.

3. Dehnungen und Kürzungen. u für i: kützel kitzeln;
— î für e: quîl f., Quelle; — å für a: jåd f., Jagd; — è für
a: ſtrèß f., Straße; — ü für û: ſûch ſuchen.

g. Unverändert gebliebene Umlaute.

1. ä. Von demselben sind nur wenige Fälle vorhanden: jàger m., sá f., Säge, schlá pl., Schläge. Für jäger haben mehrere Ortschaften, besonders im Westen von III., namentlich an der Felda jèèger; auch am Westende von II. kommen solche Formen vor.

2. ú. Bei weitem zahlreicher sind die Beispiele mit diesem Umlaut, welche, Kürzen wie Längen, besonders vor h, l, s und d, t stehen: müh(e) f., blüh(en), brüh(e) f., mül(e) f., frú, grúe grün; kúl, spúl(en), spúlig n., úbel, úber, drúp, múd(e), brút(en), júd m., hútes, neben húts, m., Kloß, dút(en), blasen, auf dem Horn, dúte f., rüssel m.; fütter(n), hüsch hübsch. In III. bei den Längen vor l, h und t häufig zerdehnt: frühe, brühe, mühe, kúel, húetes; bei den Kürzen und Kürzungen nicht selten å: råssel, fåtter, hå dått er dútet. IV. hat mit sehr wenigen Ausnahmen î: îber über, brî, jîd, îbel, gîter pl., Güter, aber natörlich und hösch. In einigen Orten von II., in III. und IV. statt múl mölln.

3. ö. Weniger verbreitet ist das ö, welches meist in Längen vor den Consonanten l, b, g, z und t steht: kóler m., zwólef, lób m., Löwe, móg(en), möglich, bózmô m., Popanz, flóte f., krôte f. Für zwölef steht in einigen Ortschaften von I. und in mehreren von II. zwélef; für móg in I. zuweilen múg. In den westlichen Theilen von III., besonders an der Felda, und in IV. klingt das ó wie å z. B. in kåler.

h. Unverändert gebliebene Diphthonge.

1. au. Die ziemlich zahlreichen Beispiele finden sich in Wörtern ohne Endconsonant vor der Nachsylbe er und vor den Consonanten l, b, s, ch, f und t: bau m., sau f.; mauer f., lauer f., bauer m., sauer (sauwer, üblicher), brauer f.; zau(n) m., maul n., laube (hierfür lieber hötte f., Hütte), daube f., Paul Paulus, faul, gaul m.; auf (of), drauf (drofí; bauch m., lauch m., strauch (hierfür lieber hecke); maus f., laus f., haus (Rohra II. hat hauz), kraus, strauß m., saust f.; maut f., laut, raute f., hå baut er b., braut f., kraut n., haut f., dauseb tausend. Mit dem Umlaut noch bräuer m., bläu(en) schlagen, käu kauen, läut(en), zemäuer n., häut(en), sträup sträuben. In III.

vor den Consonanten l, b, ch und s in der Regel û, vor letzterem Laut und vor sch auch ui; in den Formen mit der Nachsylbe er wird zwischen dem Stammvocal und dem e der Nachsylbe noch ein w eingeschoben: dûbe, mûl, fûl, bûch, mûs, druff (Kürzung), hä lûert er lauert; huis, struiß, uis aus, geruisch, eß luit es läutet; — mûwer, bûwer, fûwer. In IV. dem ähnliche Laute: krûet, fuillenz; bèrnhûter m., Hosenträger (Bärenhäuter); dagegen bleibt hier das w in mauer, bauer, sauer weg. Rohra II. hat ausnahmsweise fauil.

2. ei. Fast ebenso verbreitet ist das unverändert gebliebene ei, welches sich insbesondere vor der Nachsylbe er und den Consonanten n, l, b, ch, g, s und d, t vorfindet: bei (bä), blei n., brei m., wei(n) m., frei; meier (Maier) m., leier f., feier f., geier m., kleie f., feier m., dreier m.; mei (mä), sei (sä), dei (dä), mein, sein, dein; fein, lei(n) m., schein m.; eil(e) f., meil(e) f., beil n., weil(e) f., feil(e) (feiel) f., heilig, pfeil m., teil m.; leip m., reip reiben, bleip bleiben, weip n.; reich n., feige f., geige f., gleich, zweig m.; eis n., reis m., reiß n., reißig n., breis m., weiß, fleiß m.; meid(en), neid m., leit, leiden, leite f., weit, hä freit heirathet, geschit, treibe f., feide f., seite f. (sétte), scheit n., zeit f. In I. theils ei, theils eï (éi); II. hat fast durchgehends eï (éi); III. dagegen, vor n, l und t, î ï, zuweilen auch aï, doch auch ei, und eï (éi): mîn, fîn, dîn, wî, wîl, nîd, kride, sîde Seide, sitte Seite; breï, feïer; seier macht hier aber sîger. IV. hat î und i: glîch, wiß, lîb Leib, lîbet f., Leinwand.

3. eu. Dasselbe ist nur in beschränkter Zahl vorhanden, und zwar meistens vor der Nachsylbe e und er: neu, reu(e) f., leut(e) pl. Leute, reute f., beute f., beutel m., gereut, gezeuk n., Zeug, scheut; feuer n., geheuer, scheuer(n), steuer f., deuer theuer. In III. meist û ü, ausnahmsweise auch üi: fúer, húer, stúer, hût heute, lûit pl. Leute; an der Katza sagt man aber fúger, stúger; IV. hat î, üi und ei: lît pl., gezît, húiler m., Heuler, Weinender, eich euch, gereit gereut, für scheuer f., Stadel aber schârn f.

i. Dehnung.

1. â. Das gedehnte a, welches ziemlich verbreitet ist, steht vor den Lautverbindungen mp, mpf, nf, nz, nd, ſſ, lz und lt in folgenden Fällen: hâmel m., ſchlâmp m., Scheltn., dâmpf m., (dèèm veraltet); bânk f., lânk lang, verſtânt m., gebânke m., geſtânt m., krânk, zânk m., bânk m., drânk m. drânkgâld m., Trinkgeld, Trankgeld; mândel m., Mantel, lând n., bând n., wând f., brând m., bekânt, rând m., pfând n., hând f., ſând m., ſtând m,; gâns f., gânz, glânz m., krânz m., pflânze f., wânze f., ſchwânz m.; hâls m., mâlz n., ſâlz n., ſchmâlz n.; âlter n., âlt, wâld m. (aber [vor dem] wall), kâlt, kâp n., Kalb, ſâft ſanft.

Verdunkelt iſt das a vor l, b, pf, k, ch, ſ, ſt, t, tz und lt: â ab; fâl m., ſtâl m.; ſchrâpel ſchrappen, ſchaben, krâbel krabbeln, zâpel zappeln; bâkhaus n., Backhaus, geſchmâk m., ſâk m., dewâk m., Tabak; Bâchgrond m., Bachgrund, Flurn., bâch m.; nâpf m.; nâß, bâß was, fâß n. (aber im faß); fâſte pl., Faſten, kâſte m., Kaſten, dâß das, mâſt f., nâſt m., Aſt, bâſt m., gâſt m.; blât n., gevâter m., glât, ſât, ſtât m.; blâz m., Kuchen (Grabfeld); als Idiotiſm. Schall, heftiger, plötzlicher Schlag, lâz m., Hoſenlatz, râz m., ſâz m., ſchâz m., Schatz. Im Umlaut ſpätzle dimin. und Plur., Spätzchen, Spatz, Sperling. Kleine unförmliche Mehlklößchen, Bröckchen.

2. û. Die wenigen Dehnungen in u ſtehen vor f, k, ch, ſſ, ſch, ſt und z: bûf m., Puff, Stoß, knûf m., Rippenſtoß, drûk m.; brûch m., jûch juchhe; nûß f., flûß m., gûß m., ſchûß m.; bûſch m.; lûſt f. (m.), hûſte(n) m.; ſchûz m., ſchmûz m., Kuß, ſtûz m. Mit Zerdehnungen: wûerf m.

3. î. Das gedehnte i, von welchem eine hübſche Anzahl vorhanden iſt, kommt vor den Conſonanten n, l, ch, ſ, ſch, z und t vor: kî(nn) n., hî hin, zî n., Zinn; rîk m., Rick, Reck, ſtrîk m.; mîch (mich), ſîch (ſich), dîch (dich), ſchlîch m., ſtîch m.; rîß m., bîß, ſchîß m.; wîſch m., fîſch m., frîſch (doch friſchbîr n., Nachbier, Mittelbier), krîſch m., Kriſch, Schrei, dîſch m.; mîſt m.; rîz m., bîzel bitzeln, ſîz m., ſchlîz m., ſchmîz m., ſchnîz m., Schnitz, ſpîz m., ſpîzmaus f. Zerdehnt: nîet (nét),

auch nît (Meining.), wîert m. (Fr. St., Fromm. IV. 231. will in dem Wort nîet vor dem t noch ein r hören; ich habe das jedoch nicht bemerkt, wenigstens nicht in Obermaßfeld). Nét, nit steht zu Anfang oder in der Mitte des Satzes, nîet, nît am Ende desselben: dáß és nét mei; ich komm heut nîet.

4. e (å): lånk lenken, hånk hängen, schånk schenken, dånk denken; fåld n., gåld n.

5. ô. Fälle dieser Art finden sich vor pf, k, ch, st und z (tz): grôp grob, knôpf m., kôpf m., zôpf m.; rôk m., bôk m., pflôk m., schôk n., stôk m.; nôch (noch), lôch n., blôch n., jôch n., hôch(t); môst m., frôst m.; rôz m., klôz m., drôz m. Im Umlaut: frôsch m., Frosch. Verdunkelt: wålf m., gåld (veraltet) n., stålz; zerdehnt: flôes. Vergl. Consonanten.

6. Verdunkelungen. o zu û: dûner m., Donner, ömsûst, umsonst, ûert m., Ort, wûert n., Wort, fûerz m., Forz, knûerz m., Knorz, dûerf n., Dorf.

7. Ausweichungen. α) e zu å: såmel m., Semmel, Stollen, gål gelb, kåler m., Keller, dåler m., Teller (III. kèèler, dèèler); blåch n., Blech, båch n., Pech, fråch frech, üppig (vom jungen Getreide); båtel m., Bettel, betteln, båt n., Brett, wåter n., Wetter.

β) a in ô: môm., Mann, ich kô kann. Im westlichen Theil von III., z. B. an der Katza, Rosa und Felda statt mô auch mû; ball macht bål. Mit Zerdehnungen: gôenser m., Gänserig (Salzungen, IV., garnzter), schôerf scharf, schwôerz schwarz, Schwôerzbåch Schwarzbach. Hierzu noch mêst mästen; kîmel m., Kümmel.

k. Kürzung.

α) Kürzungen mit wenig oder gar nicht verändertem Stammvocale.

1. a å: schaffer m., Schäfer, håcke m., Hacken, schnåcke f., Schnake, schlåff schlafen.

2. u ü: blumme f., Blume; schullmèster m., Schulmeister (s. ob.); hückel m., Hügel; buchche f., Buche, kuchche m., Kuchen; hä blutt er blutet, bußdåk m., Bußtag.

3. i: spillgänn zu Besuch, „zum Spiel" gehen; krich kriechen,

ziche f., Bettüberzug, von ziehen; fliß fließen, giß gießen, gißer m., schiß schießen, schißer m., Schießer, Schüffer; dinſt m., Dienſt; wibber wieder (III. wîer).

4. e, ä, è: rûttelle n., Rothkehlchen, áppedecker m., Apo=theker; ſálbätter m., Salpeter, brombätter m., Trompeter; ver=zèrn verzehren; (hèrr) jèſſes, Jesus, Interjection.

5. o: monſchei(n) m., Mondſchein.

β) Kürzungen mit Verdunkelungen und Lautübergängen.

1. e, a: Lann f., Lehne, Abhang, Bergabhang, Flurn., janne m., Zehent; der jannt der Zehnte.

2. o, u: bunn f., Bohne, ſchu ſchon, no nun (als Anruf, Frage); im Umlaut: ſtüſſel m., Stößel.

3. au, a: laff laufe, raff f., daff, daffet. Vergl. e. S.

4. au, o, â: komm kaum, pfláſmme f., Pflaume, dámme m., Daumen; roppe f., Raupe; of(auf), ſof ſaufen; ſcháckel ſchaukeln; broch brauchen, hoch hauchen. Die Abweichung von diesen Formen ist in den einzelnen Gruppen des Sprachgebietes sehr verschieden. Für pfláſmme und dáſmme hat III. die Längen pflûme und dûme; während in I. neben o au, einmal auch ûe ſteht; für o in ſof, broch, hoch hat I. auch au, und ou; II. dagegen du, und III. u: ſáuf, bráuch, háuch, bruch, ruppe. In Meiningen durchgehends of, in Obermaßf. auf und of neben einander; doch erſtere Form ſtets am Ende des Satzes: ich ſteig (ſtehe) auf.

5. au, ö: öß aus, löß lauſchen, höſſe außen, döſſe draußen, böſch bauſchen, döſch f., Dauſch, Mutterschwein; lötter lauter, bloß, nichts als, götz gauzen (veraltet, jetzt gotz). Die nämlichen Abweichungen finden auch hier statt. In I. neben ö, ou und au, aus=nahmsweise auch öü; in II. in der Regel öü; III. hat u, ui und ü: luſch lauſchen, uiß, aus, luitter lauter, düſch.

6. au, è: rèff raufen, ausrupfen, vom Flachs, lèff laufen, dèff taufen. In I. neben è auch ä und au; in II. und III. áu und ei (éi): läff, láuf, dáuff, leiff.

7. ei, ä: häm, derhäm (hèè) heim; männer meiner, klänner m., Kleiner, ſänner ſeiner, dänner deiner; ſänd ſeind; wälle f., Weile; änzel einzeln, ränklich reinlich. In II. aï und ei (éi): haï, ſeïnd; in III. und IV. meiſt î: mîner, bîner, ſîner.

8. ei, è: Die sehr zahlreichen Fälle haben vor den Verdoppelungen nn, ff, ch, ß und tt Statt: Hènner Heinrich, stènner (stèè) Steine pl.; wèsse f., Weise, sèsse f., Seise, schlèffe f.; èche f., Eiche, rèch reichen, blèch bleichen, wèche f., Weiche, Rahm= oder Butterbrod, sèche f., Seiche, spèche f., Speiche, zèche n., zècher zeichnen; mèßel m., Meißel, wèß m., Weizen, gèß pl., Geißen, krèßer m., Kreiser, Waldaufseher, hèß heizen, einheizen, schwèß schweißen; hèsch heischen, Steuer fordern (veraltet); lètter f., Leiter, schèttel m., Scheitel. In I. meist ä, (é); in II. und III. eï (éi) und aï.

9. ei, é. Diese ziemlich verbreiteten Kürzungen finden sich vor den Doppelconsonanten ff, ch, ß und tt: eß réfft es reift, stréffel streifen, abstreifen; lécht (lécht) f., Leiche, lécht leicht, réch reich, bécht f., Beichte, wéch weichen, verléchts vielleicht, gléch gleichen, Glèchbèèrk m., Gleichberg, téch teichen, leuchen, sécht seicht, béch m., Teich; réß reißen, béß beißen, gléß glänzen, gleißen, schéß scheißen (aber scheißgank m., Abtritt); wétter, wétters weiter, sétte f., seite; bétsche f., Peitsche (nur in Meiningen üblich, sonst rîme(n) m.), glétsch gleiten, ausgleiten; drétze dreizehn, Schwétzer m., Schweitzer, dréßt dreißig. In I. neben é eï und ei; in II. meist eï und in III. und IV. î und i. Beispiele von letzteren: bicht f., flißig, lich f., wiß weiß, dich m.

10. ei, ö: Die wenigen Beispiele zu dieser Kürzung sind: pföffe f., Pfeife, gröff greifen, öttel eitel, nichts als (veraltet). I. hat neben ö öü und eu; II. durchgehends öü, während III. und IV. ü und i haben: pföüffe, pfeuffe; gröüff, pfüffe, griff.

11. eu, äu, ö: Kürzungen dieser Gattung, welche vor den Doppelconsonanten nn, ff, ch, ß, sch, t und tz stehen, sind: der nönnt der Neunte, frönd m., Freund; höffel häufeln, dröpfel träufeln; böch beuchen, waschen, löcht leuchten, föcht feucht, eß döcht mich, deucht; Pröß m., Preuße; lösche f., Leusse; eß lött läutet, rötter m., Reuter (veraltet), eß bedött bedeutet, bröttgem m., Bräutigam; krötz n., Kreuz, krötzer m., Kreuzer; schnötz schneuzen, söfz seufzen; verdunkelt: nänze (nönze) neunzehn. In I. neben ö öü, auch eu, ausnahmsweise oi (äui); in II. öü, und in III. und IV. ü, ausnahmsweise öü und üi: lücht, bedüt, krützer, eß lüit. Die Hildburghäuser (=Itzgründer) Mundart, auch Erdorf (I.), hat,

besonders vor t, ch, s und z: broitgem, loicht leuchten, roicht, pfoist, groist, kroizer m., Kreuzer.

12. äu, eu, è: Die wenigen Beispiele zu dieser Kürzung sind: schèch scheuchen, verscheuchen, rècher räuchern.

B. Die Consonanten.

a. Die Schmelzlaute:

m, n, l, r.

Dieselben werden meistentheils rein ausgesprochen. In einigen Ortschaften der III. Gruppe, z. B. in Schmalkalden, hat das r einen näselnden, schnarrenden Ton. Es folgen hier Beispiele über den Aus- und Abfall von Consonanten aus allen Wörterklassen; was jedoch denjenigen in zwei- und mehrsylbigen Verben betrifft, so wird dieser, um unnöthige Wiederholungen zu vermeiden, bei der Wortbildung aufgeführt.

1. m. Bei der Verdoppelung wird bisweilen zwischen dieser und dem nachfolgenden t ein tonloses e eingeschoben: kommet n., Kummt, Pferdegeschirr, sommet m., Sammt. In den Dehnungen kâmp m., Kamm, schwâmp m., Schwamm, sowie in der Kürze krâmp krumm hängt die Mundart noch ein p hinten an.

2. n. Wenn demselben ein f folgt, dann wird zwischen beiden Consonanten ein tonloses e eingefügt: fönef fünf, hanef m., Hanf, senef m., Senf. Das n fällt aus in den Substantiven: âbed m., Abend, ûmâcht f., Ohnmacht, ûracht n., Unrecht, ôrichte f., An- richte, Küchentisch, râft m., Ranft, daused n., Tausend, jûged f., Jugend, dûged f., Tugend; ferner in den zum Theil aus Verben gebildeten Substantiven: wâses n., Wesens, fâderlâses n., Feder- lesens, essezeit f., Essenszeit, zockerleckes n., Zuckerleckens, und in rèsses n., reißend, vergâbest vergebens, sûst sonst.

Das n fällt ab in den bereits oben unter den Vocalen auf- geführten Substantiven und Adjectiven: ûster pl., lû m., Rû f., hû n. (f.), sû m., mô m., bô f., zô m., dô m.; zî n.; mèè m., rèè m., stèè m.; zau m.; lei m., wei m.; klèè, hèè, elèè allein.

3. l. Wie bei dem m und n, so setzt man, wenn dem l ein f

Die Lippenlaute.

folgt, zwischen diese beiden Consonanten ein lautloses e: elef elf, hélef helfen, hölef f., Hülfe, pfülef m., Pfühl, wolef m., zwölef. In lâp n., und hâp halb fällt das l aus.

4. r. Als Auslaut fällt dasselbe ab in mî mir, dî dir, ü ihr, hä er; es fällt aus in schânk m., Schrank, dûbe drüben, fôder fordern, dôbe droben. In hötsch rutschen, vertritt h die Stelle des r und in kläpser r die des l.

b. Lippenlaute:
b, p, w, f, pf.

1. b, p. In der henneberger Mundart besteht zwischen diesen beiden Consonanten im Anlaut nirgends ein Unterschied; sie werden beide weich ausgesprochen. Als Endlaut lautet dagegen das b sehr häufig wie p. Im Inlaut wird das b wie im nhd. wie w aus= gesprochen: bâch n., Pech, bapp f. (m.), Pappe; lîp f., Liebe, weip n., schreip, sîp n., dreip treiben, dîp m.; lîbe, sîbe, stûbe. Eine Ausnahme von der Regel macht die Kürzung zwibbel f., Zwiebel.

Als Anlaut verwandelt sich das b zu w in wås, wåse f., Base. Umgekehrt wird (nach Benkert „Thüringen und Franken") in dem Ortsnamen Båste Bastheim, das w zu b; denn ursprünglich soll es „Westheim" geheißen haben.

Im Inlaut hat sich das p zu pf verwandelt in nöpf nippen, schöpfe f., Schippe, Schäpfewîse f., Schöppenwiese, die zur Be= soldung des (Gerichts=) Schöppen gehörige Wiese; Flurname, jetzt durch die Separation ausgestorben. Zu f wird das b in gåfel f., hófel m., Hobel; es fällt aus in ågebråche abgebrochen, åjericht abge= richtet, åjericht angerichtet und in bedrût betrübt (Wasungen, III.)

2. w. Im Anlaut tritt b an Stelle des w in bå, båß was, bann wann, wenn, bû wo, buhî wohin, buvô wovon, bèèr wer. Im Inlaut steht w für h in mêåwe n., Mähen, säwe n., Säen, dreåwe n., Drehen, dreåwisch drehisch, langsam, widerwillig, zeåwe f., Zehe. Verbindend setzt es sich zwischen zwei Vocale in bauwe n., Bauen (Wasung. III.), sauwer, krowåbe pl., Kroaten. (Vergl. auch e. 8.) In dem Partikel ewack weg nimmt das w noch ein tonloses e vor sich, während es als Auslaut in lôb m., Löwe sich zu b verhärtet.

3. f, pf. Das f wird in haber m., durch b vertreten. In Verbindung mit p als pf hat sich dieses in schnuppe m., Schnupfen zu pp verwandelt, desgleichen in dem Diminutiv döppele n., Tüpfel= chen, Punkt auf dem i. In dem veralteten Substantivum dèèm m., Dampf (vergl. Vocale i. 1) ist das pf abgefallen. Die etwa noch hierher gehörigen Beispiele stehen weiter unten bei der Verschleifung.

c. Die Kehllaute:

j, g, k, ch, h.

1. j. Dasselbe wird zu g (aspiriert) in gå ja, (Flickwort) und Gehannes Johannes; es wird zu n in dem nicht mehr gehörten Wort nîder jeder, Jedermann. Im Inlaut tritt es an die Stelle des i in Christjan, während es im Anlaut in jauner m., Gauner für g steht.

2. g, k. Das g wird bald weich (aspiriert), bald hart, wie ein gelindes k (ȝ) ausgesprochen, ja es verhärtet sich in vielen Längen und Dehnungen (vergl. die Vocale) im Auslaut zu einem wirklichen k. Im Anlaut klingt es ausnahmslos wie ein gelindes k, sonst wird es wie im Schriftdeutschen ausgesprochen: ȝeschĕkt, ȝedulȝ; flêgel, ȝege, rîgel.

Zu k verhärtet sich das g in folgenden, größtentheils schon bei den Vocalen aufgeführten Fällen: metȝker m., Metzger, rēnke m., Ring, dēnk n., Ding; wâk m., Weg, stâk m., Steg, ȝeuk n., Zeug, schlâk m., dâk m., drôk m.; ȝemânk m., Gemang, Gemenȝe (zweierlei Sorten von Getreide, z. B. Korn und Weizen, auf einem Acker), ȝesânk m., Gesang, klânk m., Klang, bèèrk m., Berg, wèèrk n., Werg, ôerk arg; hûkel m., Hügel. Umgekehrt wird k zu g in hengel m., Henkel. In âde f., Egge verwandelt sich das verdoppelte g zu d, und in ȝēnet f., Gegend das g zu n, indem das n der Endung ausgestoßen wird. Das g fällt endlich aus in den Substantiven mâd f., und jâd f.

Das k fällt aus in der Form mērt m., Markt, und mitsammt dem Endconsonanten t in dem Compositum môergaß f., Marktgasse.

3. g, ch, (k). Wenn dem g (k) ein l voransteht, dann beliebt die Mundart, ähnlich den Formen unter B. a. 1, ein i einzuschieben: balig m., Balg, kalig m., Kalk, dalig m., Talg. Das nämliche

geschieht, wenn dem ch ein l, n, r vorhergeht: mélich f., Milch, kélich m., Kelch, molich m., Molch, dolich m., Dolch, zwilich n., zwilch; mönich, münich m., Mönch; färicht f., Furcht und Furche, stůrich m., Storch.

Wie im nhd., so verhärtet sich auch in unserer Mundart das ch wenn ihm ein s folgt, zu k: láchs m., dáchs m., wáchs (wǎes) n., fuchs m., luchs m. Das ch fällt aus in bustǎbe (st — scht) m., Buchstabe, und wird zum bloßen c in bacter m., Pachter (wird wenig mehr gehört). Für Deichsel steht déstel.

Eine Assimilation des ch findet Statt, wenn dem s die Nachsylben e el, eln, ler folgen: assel, ǎssel, èssel f., Achsel, wassel wechseln, büsse f., Büchse, uss, (ǎss, oss Grabfeld) m., Ochse, Züsse Züchsen, dressel drechseln, dreßler m., Drechsler, niss, (nist an der Herpf, nèst in III., nüscht in IV.). Hierzu noch der Ortsname Kleinsasse(n) in der Rhön, der offenbar aus Kleinsachsen entstanden ist. Vergl. Fromm. II., 49.

4. h. Das h, welches im Anlaut stets scharf aspiriert wird, verhärtet sich im Auslaut zu k in flôk m., Floh, schûk m., Schuh (Stockheim, I.—II., scheuk); es stellt sich vor den Anlaut e in helfe= bèè n., Elfenbein und wird zu n in nèrn n., Hirn.

d. Zahnlaute:

s, sch, z, d, t, sp, st.

1. s. In Verbindung mit p und t als sp und st wird das s wie in ganz Mitteldeutschland wie sch ausgesprochen, schp (sp) und scht (st). Doch klingt es in einigen Wörtern auch allein schon wie sch (s), besonders, wenn ihm ein r vorhergeht und (oder) ein e folgt, so in: mûrsel m., Mörser, mîrsem m., Wirsing, kûrsel m., Rockenkürsel, Stock am Spinnrad, um welchen der Flachs (der „Rocken") gewunden wird; ferner in dem Ausdruck für den Allerwerthesten, òers Ars m., in annerst anders, ich hûer'ß hör' es, ich wûer'ß würde es, bunnerstig, dûerstig (von Thorstag?), in hèlse f. und wètters weiter, sowie endlich in nhd. Weise bei den Zusammensetzungen: fèngerslánk fingerslang, doctersrechnung f. Eine Ausnahme von der Regel macht stǎtts anstatt, statt.

Für sp steht im Inlaut pp in knoppe f., Knospe, für pf pf in stǎpfel m., Stöpsel. Das st wird zu einem bloßen f in fǎse=

nåcht f., Faſtnacht, Faſten; umgekehrt wird das s zu ſt in muſt n., Mus, Jewiſt gewiß, dauſt n., Daus. Wenn die Conjunction nicht im Nachſatze ſteht, dann nimmt das anlautende ſ noch ein ton=loſes e vor ſich: esò: eß és nét esò; eß és annerſt ʒemèènt, es iſt nicht ſo; es iſt anders gemeint.

Das alte ʒ hat ſich in den Formen: dåß, deß, wèß, gèß, hèß erhalten.

2. ʒ. Beiſpiele über Abfall und Ausfall oder Veränderung des ʒ ſind mit Ausnahme eines einzigen Falles: ʒellerie m., wo das ʒ für ſ ſteht, nicht bekannt.

3. b, t. Gleich den Lippenlauten b und p, beſteht auch bezüg=lich der Ausſprache zwiſchen dieſen beiden Conſonanten im An=laut ein Unterſchied nicht, indem ſie weich ausgeſprochen werden; im Auslaut dagegen klingen ſie in der Regel hart: dût m., tént n., rént.

Das t wird zu ʒ in kåʒer m., Kater, zu ch in ünſchlich n., Unſchlit. Als bloßes Anhängſel erſcheint es in lécht f., Leiche, hôcht hoch, während in den beiden Formen rådme m., Raten (Un=kraut unter dem Getreide) und ſchåttme m., Schatten eine Ver=ſtellung deſſelben ſtattfindet. In dem Subſtantivum mangelkèrn m., Mandelkern, verwandelt ſich das d in g, und in brêdig f., Predigt fällt es ab.

4. Wenn dem d, t der Conſonant l vorhergeht (vergl. St. bei Fromm. II. 349), dann aſſimiliert ſich daſſelbe dem l: aller alter, m., Alter, maller n., Malter, ball bald, falle f., Falte, fållig faltig, weit, bauſchig, käll f., Kälte, Kallòch n., kaltes Loch, Ortèn (Dewertshauſen), hall halten, ſpall ſpalten, méll mild, locker, blaſig (vom Brod oder Kuchen), wéll wild, gelle f., Gelte, ſelle ſelten, ſchéllig ſchillerig, ſchilbig, geſleckt, weiß und grau (von der Farbe einer Gans); mulle f., Mulde; boller poltern, gölle m., Gulden, Gülden (fränkiſcher Gulden, 1 fl. 15 Kr.), föllisch fuldaiſch: die föllische berg Berge im Eiſenacher Oberland, an der Felda, ehemaliges fuldaiſches Gebiet. Vergl. auch die Biegung.

5. Ebenſo zahlreich ſind die Fälle, in welchen ſich das d, t dem voranſtehenden m und n aſſimiliert: hémm n., Hemd; annert=halbe pl. anderthalb, ein und ein halbes, annerſt anders, åwanning f., Abwandung, die Furche zwiſchen zwei Aeckern der

Länge nach, mannel n. (f.), Mandel, wanner wandern, flanner m., leichtes Zeug zu Kleidern (von flandern, flattern?), hannel m., Handel; énwennig inwendig; öswennig auswendig, lénne f., Linde, rénn f., Rinne, rénne f., Rinde, rénnel rindeln, ründeln, von der Gerste, figürlich Geld wechseln, bennel m., Bendel, blénner m., Blinder, bénne f., Binde, wénne f., Winde, wénn winden, wénnel f., Windel, fénn finden, hénne hinten, schénn schinden, schwénnel m., Schwindel; zenner m., Zentner; wonner n. (m.), Wunder, blonner m., Plunder, pfonn pl. Pfunde, stonn f., Stunde, onne, donne unten. Vergl. Wortbiegung.

Zu diesen Beispielen noch die etwas unklare, von St. bei Fromm. (II. 212) besprochene Form „zum banner". Sollte dieselbe nicht etwa auch aus der Zusammensetzung vom zump, dem alten „zum" und „anner" andern entstanden sein, woraus dann, indem sich das p zu dem a des folgenden Wortes hinzog, zum banner zu zweien wurde? Mit diesem Ausdrucke bezeichnet man bei uns (wenigstens ist das in Obermaßfeld der Fall) gewöhnlich zwei zusammengehörige, bezüglich näher zu einander stehende Personen aus ein und demselben Hause, derselben Familie, ein Paar, Mann und Frau, eins von beiden und ein Kind: Sü gän zum banner of den mert, of die hochzig, zum heilig âbermâel sie gehen zu zweien zu Markt, auf die Hochzeit, zum heil. Abendmahl. Ob diese Vermuthung zutreffend sei, bleibt dahin gestellt.

II. Wortbildung.

A. Ableitung.

a. Vorsylben.

1. er. Allgemein üblich ist, daß man dieser Sylbe noch ein b voranstellt; doch nur bei den Verben, wie: derwâl erwählen, der= hall erhalten, derzêl erzählen.

2. ge. Mit dieser Sylbe beliebt die hennebergische Mundart neu= trale Substantiven aus Verben zu bilden, welche den Nebenbegriff des Unnöthigen, Albernen und Unpassenden oder Unschicklichen mit sich

verbinden, so: ge mach Machen, Thun, ge nåck Nicken, ge laff Laufen, Gehen, ge red Gerede, ge bapp Rauchen; ge freß Fressen; ge fråß figürl. Gesicht, ge suck Jucken, Kratzen, beim Jucken, figürl. schlechtes, nachlässiges, liederliches Flicken; ge guck Betrachten, ge k ä u Schwatzen, dummes, albernes Gerede; ge schnack das Gebahren ganz kleiner Kinder, die den Kopf, welchen sie noch nicht ordentlich tragen können, nach rückwärts fallen lassen, was für sehr gefährlich gehalten wird; ge schlapp müssiges Umhergehen, figürl. schweinisches Essen; ge zeuk Zeug, dummes Zeug; ge bû Thun (vergl. ge mach); ge båk und ge dierz haben diesen Nebenbegriff nicht. Mit ersterer Form bezeichnet man so viel Brod als man auf ein Mal bäckt; unter letzterer versteht man ein Thier überhaupt, gewöhnlich ein fremdes Thier: daß es daß für e nerrisch gedierz!

3. be, un, ent, ver, zer. Dieselben werden wie im Schriftdeutschen angewandt; nur fällt von un und ent das n und t ab. Erwähnt sei nur noch, daß die Hildburghäuser (=Itzgründer) Mundart bei der Vorsylbe ge Abbreviaturen zuläßt: g'fragt, g'sagt, g'schmeckt, wodurch sie sich schon dem oberdeutschen Dialect nähert.

b. Nachsylben.

1. e. Das e fällt ab in den schwachen Substantiven fem. und masc. bei nn (nd) vor a, u und o: kann f., pfann f., schann f.; bunn f.; wonn f., sonn f., stonn f., donn f.; — l vor ä: fäll f.; — b vor î: lip f.; — f (ff) vor a: aff m., raff f., pfaff m., daff f.; — g (ch) vor å, a und é: låg f., blåg f., wåg f., såg f.; språch f., sach f., drach m.; léch f.; — s, ss vor å, u und ö: håf m., wåf, båf; uff m., Ruff m.; Bröß m.; — t, tt vor i, é und ú: bitt f., métt f., gút f.; — ng vor a: mang f., läng f.; — rr (rd) vor è: fèrr f., dèrr f.

In folgenden Fällen mit ll und l, Kürzen und Kürzungen, verwandelt sich die Nachsylbe e in n: rålln f., Rolle, wålln f., Wolle, falln f., Falle, galln f., Galle; welln f., Welle, kelln f., Kelle, gefalln m., knålln m., Knollen, hélln f., Hölle, Ofenhölle; schellu f., Schelle, schwelln f., Schwelle, delln f.. Delle; — nålln f., Aale, sulln f., Sohle, spulln f., Spule; bolln f., Bohle, bålln f., Beule, kolln f., Kohle, holln f., Hohle, Hohlweg.

Das e sammt dem Endconsonanten fällt ab in den Substantiven

fem. mit n vor î und ü in ruſſî Roſin, bû Bühne, Latte; bî Biene, violî Violine; — b vor û: hû Hube; — g vor á: ſá(ge).

Daſſelbe bleibt in den aus Kürzen, Längen, Dehnungen und Kürzungen beſtehenden Subſtantiven fem. Kürzen. m vor a: ſchramme ſ., Schmarre; — n vor a und é: danne; bénne, rénne, wénne; — p vor a, u, i, e, o und ö: kappe; duppe; lippe, rippe, zippe; dreppe; roppe, ſoppe, löppe; — ſ vor u und i: hiffe, kuffe; — d vor a, å, é, o und ö: jacke, glåcke, dácke, hecke, wécke, ſchnecke; locke, möcke, löcke, bröcke; — ch vor a, å und è: mache, lache, wåche; èche; — ſſ vor a: maſſe, raſſe, kaſſe, haſſe; — tt vor a und o: latte, ratte, watte; botte, hotte; — ſt vor i: miſte, liſte, kiſte; — ng vor a: ſtange, zange; — nz vor a und å: lanze, ſchanze, brånze(ſ) Brunſe; — nd vor a und o: bande londe ſ. Längen: m vor a: dâme; — n vor â: lâne Lehne, ſâne; — b vor å, û, au und eu: nåbe, gåbe, håbe; grûbe, ſtûbe, haube, daube, ſcheube Scheibe; — ſ vor å, û, o und èè: nåſe, rûſe, dûſe, hôſe, mèèſe; — d vor å, û, ú, î, o, au, ei und èè: måde, låde m., wåde, bûde, rûte, ſûde, ſtude; wîde (weide); môde, hôde, raute, ſeite (ſétte), ſeide, ſèète. Dehnungen: t: kête; ſt: bûerſte Bürſte; — nz: wânze, pflânze. Kürzungen: m: pflâmme, dâmme; — ſ: wêſſe, ſèſſe; — d: ſchnåcke; — ch: wêche, ſèche.

Gleich der Hildburghäuſer (=Ißgründer) Mundart, wie auch in Schleuſingen und Suhl, haben mehrere Ortſchaften in I., ſtatt der Nachſylbe e ein a, wie in Bibra, Haina, Lengfeld, Nordheim v. d. Rh., Obendorf, Römhild, Siegrit, Wolfmannshauſen. Oft iſt dies ein ſehr helles gedehntes a, wie in Bibra: häusla, ſtûba, rénda, brêcka. Dem entſprechend, haben die genannten Dörfer auch die Zerdehnung ôa ſtatt ôe; in einigen Orten, z. B. in Rohra (II.) ſchwankt dieſelbe zwiſchen ôe und ôa. Die Hildburghäuſer (=Ißgründer) Mundart ſetzt zu dem e noch ein n, wodurch das betreffende Wort eine Pluralform erhält: weſten, hôſen, ſtûben, kûchen.

2. en. Das n der Nachſylbe fällt ab in den urſprünglich ſchwachen, jetzt aber ſtarken Subſtantiven masc. (und neutr.), die mit einer einzigen Ausnahme Kürzen und Längen ſind. Kürzen. pp vor a und o: lappe, woppe n. (ſ.); — ck vor a und å: nacke,

bacfe, brácfe, rácfe, fácfe; — ch vor a und á: rache, tnáche; — pf vor á: hápfe, trápfe; — nf vor ë: zënfe zinfen; — Längen: m vor i und ô: rîme, nôme, rôme, rôm Namen, fôme; — b vor á und â: lábe, fcháde, bôbe, fnôte. Die Kürzung ist: hácfe Hafen.

Die ganze Endung mit dem auslautenden Confonanten g fällt ab in den ſtarken Subſtantiven masc.: mô m., rá m., bô m., wô m., trô m. Daſſelbe findet auch Statt in den ſchwachen Subſtantiven fem. zemèè f., Gemeinde, ingleichen in zebäu n.

3. el. Die Subſtantiven mit dieſer Endung erleiden mit Ausnahme der Aſſimilation (vergl. B. d. 5) feine Veränderung. Eine Abweichung hiervon machen die Formen: nál m., Nagel, flêäl m. und ſchlêäl m.; zál m. (zágel).

4. er. So auch die ſtarken Subſtantiven masc. mit Ausnahme derjenigen, in welchen dieſer Endung ein g vorausgeht, ſowie der Kürzen, in denen der Doppelconſonant rr vor derſelben ſteht, indem im letzteren Falle das e ausfällt: môger m., Wunſch, lêär m., Leger, Ableger, wáer m., Wieger, fáer m., Feger, jáer ein Jagender, fláer m., Kläger, dráer m., Träger; bêrrn m., Barren, fêrrn m., Karren.

In den aus Stoffnamen gebildeten Adjectiven, beſonders wenn ihnen der unbeſtimmte Artikel vorausgeht, fällt das übliche n aus: eiſerer eiſerner, blecherer, topferer, hälzerer, ſölberer. Die beiden aus den Ortsnamen Bibra und Jüchſen (I.) gebildeten Adjectiven ſind: Biberſcher, Jüſſemer: „e Bîberſcher jüd, e Jüſſemer mäble." Wenn das Adjectivum zu einem Subſtantivum gebildet wird, dann verwandeln ſich die Längen zu Kürzungen: e grünner, ſchünner, gruſſer, hocher.

5. en. Das n der Endung fällt ab in den zweiſylbigen Verben mit dem zum Stamm gehörigen h: bêhä bähen, röſten, wêhä wehen, zêhä gehen, ſêhä ſehen, ſtêhä ſtehen, drêhä (drêhäp) drehen. In den Formen: mêhäp mähen, ſêhäp ſäen hängt ſich an die Zerdehnung noch ein p. Die Endung ſammt dem Stammconſonanten wird abgeworfen in den Verben mit g vor â, á (e), á und á: gû geben, lá legen, rá regen, ſá ſägen, wá wiegen, já jagen, flá flagen, ſá ſagen; ſchlôe ſchlagen; mit n vor i in di

dienen. Bei ràn regnen, begàn begegnen, fällt zugleich mit dem g das n aus.

In allen übrigen Fällen bleibt der Stamm des Verbums ohne Endung. Beispiele hierzu sind: m. nàm nehmen, schàm schämen, kämm(en), stämm(en), fèèm feimen, wegfischen (das Fett, die Griefen von einer Suppe); — n (nd): knî(en), bénn binden, rènn rinnen, fènn finden, ǧewénn gewinnen, kenn(en), schénn schinden, dên dehnen; belôn belohnen, sönn sonnen, schòn(en); — l: mâl mahlen, môel malen, bezâl bezahlen, fall(en), fûl(en), kûl(en), zîl(en), schell schelten, zêl zählen, ràll rollen, hôl(en), soll(en); — rr: scharr(en), schnàrr schnurren; — b (p), pp: lâp leben, kàpp kappen, schlagen, lîp lieben, schîp schieben, reip reiben, képp kippen, Feuer aufschlagen, fopp(en), knopp knuppern; — ff: schaff(en), buff puffen, stoßen, schiff(en), rèff raufen, ausraufen, dèff taufen, hoff(en), soff saufen, pfòff pfeifen; — g: blàg plagen, bîg(en), lîg(en), krîg(en), sîg(en); — k: back(en) packen, néck nicken, neck(en), weck(en), fléck flicken, steck(en), hock(en), stock(en); — ch: mach(en), lach(en), wach(en), rich riechen; sèch seigen, stech(en); — s, ß: lâs lesen, fliß fließen, giß gießen, schiß schießen, mess(en), rèß reißen, béß beißen, wéß wissen, schéß scheißen, schméß schmeißen; — sch: nàsch naschen, wàsch, bösch bauschen; — t: bât beten, knât, drât; bît(en), sîd(en); brôet braten, rôet rathen; — tz: wetz(en), hetz(en), setz(en), botz putzen; — ng: lang(en), häng(en); brèng bringen, rèng, sèng, sprèng, drèng; — nz: ranz(en) wild spielen, sich begatten, pflanz(en), dànz tanzen; — rn: kàrn kernen, auskernen, lèrn(en), zwèrn zwirnen; — rp (b): verdèrp, stèrp; — pf: klàpf, stàpf, dràpf, schnupp; — rg: bârg(en), derwàrg ersticken, sârg'en); — rf: mèrk(en), wèrk wirken, stèrk(en); — rt: èrt arten, sich bekommen, zunehmen; wèrt warten, fèrt karten, färt sich fürchten. Mit Zerdehnungen noch einige Verben mit r, welchem ein h oder auch ein gedehntes i vorausgeht: èär ehren, lèär lehren, wèär wehren, zèär zehren, fûer führen, verlier verlieren.

In der Hildburghäuser (=Itzgründer), auch in der Schleusinger Mundart, kommen sowohl bei den Substantiven als auch bei den Verben häufige Abbreviaturen vor, wie z. B. stub'n, hab'n, geß'n.

6. eln und ern. Verben mit dieser Endung werfen das n bei l und r ab: wassel wechseln, dressel drechseln, brassel prasseln; wanner wandern, bapper plappern, zitter, hocker, schmetter.

7. ig und ing. Rücksichtlich der Endung ig richtet sich die Mundart im Allgemeinen nach dem nhd.; nur in einigen wenigen Fällen werden mit derselben Formen gebildet, welche im Schrift=deutschen unüblich sind. Dahin gehören: rúerig n., Rohr, Schilf=rohr, grêsig n., Kraut, Kartoffelkraut; kräutig n., Kraut, Unkraut; áberig abwärts, einerig einwärts, vúers(sch)ich vorwärts, hénner=s(sch)ich rückwärts, ömmerig um, herum. Was die Nachsylbe ing be=trifft, so steht dieselbe zunächst für ung: mèening f., Meinung, zeiting f., Zeitung, verrichting f., Verrichtung; außerdem werden mit derselben Substantiven aus Adjectiven gebildet, wofür die Schrift=sprache ein e hat: náchting f., Nacht, brètting f., Breite, wétting f., Weite, glátting f., Glätte, hélling f., Helle.

8. ei. Für Formen mit dieser Endung scheint die henneberger Mundart eine besondere Vorliebe zu haben, weil solche in ziemlich großer Anzahl vorhanden sind und immer noch neue gebildet werden. Es sind sämmtlich Substantiven fem., welche, ähnlich den mit der Vorsylbe ge gebildeten, fast alle den Nebenbegriff des Lächerlichen, Verächtlichen in sich schließen. So érmedei Armuth, ésserei Essen, mácherei Thun, Arbeit, mauserei Stehlen, nèrredei Narrheit, lásserei Laufen, freierei Freien, hängerei Hängen, Verschleppen, Liederlichkeit, Saumseligkeit im Bezahlen einer Schuld; kácherei Kochen, däppelei läppsches Spielen.

9. et. Die mit dieser Endung gebildeten Wörter sind größten=theils Substantiven neutr., zum kleineren Theil fem.: eimachet, so viel (Mehl) man zu einem (Kuchen=) Teich nöthig hat; flécket, das nöthige Leder zum Besohlen eines Schuhes oder Stiefels; káchet (káchniß), so viel Gemüse, Fleisch zu einer Mahlzeit erfordert wird; drådet, hocket f., so viel man auf einmal in einem Korbe auf dem Rücken tragen kann. Mit letzterem Ausdruck bezeichnet man übrigens nicht selten auch einen schwangern Leib, indem man sagt: „Sü hät die hocket vól." Hierher gehört noch die oben bei den Vocalen erwähnte Form: daffet. Vergl. St. in Fromm. III. 474.

B. Zusammensetzung.

a. Verschiedene Zusammensetzungen.

Im Allgemeinen erfolgt die Zusammensetzung in der henneberger Mundart nach den nämlichen Gesetzen wie im nhd.: méchelsdåk m., Michaelistag, Michaeli, métzersgånk m., vergeblicher Gang (vergl. mein „Volksthümliches" I.); grúedunnersdig m., Grün=donnerstag. Die Abweichungen von denselben beschränken sich nur auf den Ausfall und die Einschiebung von einzelnen Lauten. Bei solchen Zusammensetzungen, in welchen das Bestimmungswort ein schwaches zwei= oder mehrsylbiges Substantivum ist, fällt das im nhd. übliche n aus: stůbedůer f., hôsedråer m., Hosenträger, daube=schlåk. m., Taubenschlag, sômegebråt n., blôesewasser n.; hingegen wird gleichsam als eine Milderung der Härten zwischen dem Bestimmungs= und Grundwort, wenn zwei Consonanten zusam=menstoßen, ein tonloses e eingefügt, eine Annehmlichkeit, welche das Schriftdeutsche nicht kennt: backestêê m., Backstein, branntewei m., Branntwein, hochzigehaus n., Hochzeithaus, déckedonn f., Dick=tonne (?), nicht mehr im Gebrauch stehende Silbermünze im Werth von 2 fl. 45 kr. Doch findet diese Milderung nicht immer statt, z. B. in dem Compositum båtelleut pl., Bettelleute, bräutleut pl., gevåterleut pl., scholleut Schuldleute, pl., Gläubiger. In dem nunmehr ausgestorbenen Wort lånknacht, wörtlich Landknecht, Amts=diener, Büttel, welches man stets nur mit Verachtung („mit Respect zu sagen") aussprach, ist der Endlaut d des Bestimmungswortes ab=gefallen, indem dieses eine Dehnung erfahren hat. Eine eigenthüm=liche Zusammensetzung ist: zwåmålbännig: e zwåmålbänniger rôk, ein (Weiber=) Rock mit doppeltem Band, als Verzierung am untern Ende desselben. Echt hennebergisch.

b. Zusammensetzungen in gebundener Form.

1. Substantiven ohne Beiwort: můt o blůt, mord o důtschlåk, läus o flůh (weißes und rothes Garn zu Strümpfen), leibes o lůbes, kent o kêgel, knall o fall (plötzlich), kütze o kårp (reichlich, übergenug), hackel o backel (gemischtes Volk aus allen Ständen), hauts bi mauts (einerlei, so wie so), hannel o wannel, hånger o kåmmer.

2. Substantiven mit Nebenwörtern: (er spricht) nét hont, nét nèrr d. h. gar nichts, über désch o bánt, weder feuer noch rách, durch rock o kamesôl (Kamisol, Kleidungsstück einer Weibsperson, außer Gebrauch gekommen): „hä trîgt schlá durch rock..." bekömmt tüchtige Schläge; än on alle däk ein und alle Tage, täglich, unausgesetzt, immer.

3. Adjectiven: angst o bang, braun o blôe: „ich schlêe dich braun...", bèrwes (barfuß) o bôerwes ganz bloß an Füßen und Beinen; fix o fèrtig, gánz o gôer; nét frû (froh), nét sát; nét kált, nét wèrm; krámp o kóm: „ich schlêe dich..."; domm o dûp, doll o voll: „há sêft sich..."

4. Verben: bîtel o bátel mit Nachdruck bitten, lamentieren; leipt o lápt, hang o lang, eß nîbelt o nábelt (regnet stark); eß klingelt o klappert, schénn o blág, wéch o wank, zitter o zápel.

5. Adverbien und andere Redetheile: ách o wéhä, naus o nô, übel o wéhä, ritsch ratsch (von einem Stück leichten Zeugs, welches im Nu zerrissen ist, wird), röm o nöm: „hä wenct dáß gálb röm..."; frank o frei, hénne o vorn: „eß és niß mit en hénne o..." es ist gar nichts mit ihm, er hat nichts, kann nichts; nét hot, nét wékst nicht rechts, nicht links, weder das Eine, noch das Andere; drauf o drô: „eß gát drauf...", ununterbrochen, eifrig, frisch; quîres o quèères die kreuz und quer. Vergl. mein „Volksthüml." I.

c. Der Volkssuperlativ.

Wie reich die henneberger Mundart auch an dieser Gattung von Zusammensetzungen ist, hat G. Brückner bereits früher in Frommanns „Deutschen Mundarten" I., 229 bewiesen. Der Vollständigkeit halber folgen hier einige derselben, welche freilich schon größtentheils bekannt sein dürften: angst, hárnerangst, schéßangst; bétter, gallweidebétter; brèèt, krôtebrèèt; búf, bôdebúf; domm, hádomm, strûdomm, hárnerochsedomm; êbe, hullerêbe; èrm arm, bâtelèrm, kèrcheèrm so arm, daß man aus Mangel einer anständigen Kleidung nicht in die Kirche gehen kann; fêst, bîtefêst sehr, ganz fest; fett, schneckefett; grôe, kizgrôe; gûl, glôzgûl (glôz Dehnung von gloßen (?) stier sehn). Daher glózblumme f., Trollius europaeus; gût, bêrgût, trötzgût; hell, glådehell; kâlt, bēßtâlt; krámp, råsselkrámp; lêr, stäublesler; nåcht, blatznåcht, stîtnåcht; nåß, drifnåß, pfütschnåß; rût, feuerrût, glétscherût so roth wie die „glétscheblumme", die Blüthe vom wilden Mohn Papaver rhoeas; såt, déksåt, dékrammelsåt; wèèch, breiwèèch, schmétz= wèèch; wink wenig, blitzwink. Vergl. auch mein „Volks= thümliches" I.

d. Tauf- und Familiennamen.

Bei den Zusammensetzungen von Tauf= und Familiennamen werden in der Regel die letzteren den ersteren vorangestellt, und es erscheinen so dieselben fast als Adjectiven. Statt des Familiennamens steht nicht selten der Beruf, Stand, das Geschäft, die Lage der Wohnung, oder sonst auffällige Eigenschaften und andere Umstände des Familienhauptes, oder auch statt des Familiennamens nur das Geschäft ꝛc. Auch nennt man die Kinder nach dem Gewerbe, dem Beruf des Vaters; ja man liebt es sogar, an die Stelle des Familien= namens des Ehemannes den seiner Ehefrau zu setzen, und es gibt dergleichen Composita, welche ganze Generationen in sich vereinigen. Aber alle diese Eigenthümlichkeiten fangen an sich zu verwischen, und bald werden auch sie zu den Antiquitäten gehören. Beispiele: Spitze= Bätter Peter Spieß, Kuchche=Méchel Michael Kuch, Hålzere Jårg Georg Hölzer; Wasser=Hans N. N. am Wasser wohnend, Wasser=Schneider So und so, Schneider von Profession, der am Wasser wohnt, Dék=Méchel Michel N. N., wohlgenährt; Scholze= Klèè des Schulzen Jüngster (Sohn); Schmitts=Kåpp Kaspar, dessen Vater ein Schmied; Wérts=Frétz Fritz, dessen Vater Wirth ist, Wélme=Bätter Peter, dessen Vater Wilhelm So und so; Ditze=Dånjêl Daniel N. N., dessen Mutter eine geborene Dietz. (Vergl. mein „Volksthüml." VII., 3.)

C. Anlehnungen.

Es sind dieselben meist Verben, die wohl auch bei der Wort= biegung stehen könnten: nimme nicht mehr, lémme liegen wir, bamme wenn man, bumme wo, bimme wie man, womme wollen wir, gamme, gimme gib mir, komme (kôme) kann man, homme haben wir, hommich hol mich (der Kukuk), sémme sind wir, stämme stehen wir, dumme thun wir, ich námere, gábere, hábere ich nehme, gebe, habe ihr (gegeben); dömmich es dünkt mich; muste, biste, léste, wiste, wèste, guckste, gäste, giste, köste, háste, siste, stäste, soste mußt, bist, liegst, willst, weißt, guckst, gehst, gibst, kannst, hast, siehst, stehst, sollst du; wonnse, honnse, sénnse wollen, haben, sind sie; bisten bist du, bleisten bleibst du, wèsten weißt du, wisten willst, sisten siehst, spréchsten sprichst du denn, sátte sagte er, hättse hätte sie; dutt'ßen thut es denn, eß schaden (niss) es schadet nichts.

D. Verschleifungen.

a. Verschiedenes.

1. **Substantiven:** èbet f., Ebene; gálmer m., Goldammer; ôkele n., Akelei, háller m., Hollunder, nál m., Nagel, hunk m., Honig, künk m., König, Kartenkönig (veraltet); mírsem m., Wirsing, spèrk m., Sperling, Spatz; náchber m., Nachbar; èrbet f., Arbeit, hochzig f., Hochzeit, bôset f., Bosheit, wôeret f., Wahrheit, freiet f.; Freiheit, kránket f., Krankheit; inôendig m., Montag, sonndig m., Sonntag; jámpfer Jungfrau, kirsig m., Kirchhof, Gaden; höfert f., Hofraithe; scháberdeckel Schaubhuts=(Strohhuts=)deckel m., alter abgetragener Strohhut für Weibspersonen; hampfel f., Handvoll; wélbert n., Wildpret; òere f., Ahornbaum, Platane; hánschig m., Handschuh; knôbelich m., Knoblauch; (quetschker f., Zwetsche, Pflaume); wánkef m., Weinkauf, Schmauß, Trunk beim Abschluß eines Verkaufes, beim Abschied, auch bei einer Verlobung (wenig mehr im Gebrauch); klèrnette f., Klarinette, spittel m., Spital, suckeln m. (f.), Blutegel (von Saugigel?).

2. **Adjectiven, Verben und andere Redetheile:** âmber antworten, heier heirathen (im Grabfeld üblich), brochber brauchbar, fruchber fruchtbar, kostber kostbar, ruchber ruchbar, gelîrf(sch)em gelehrsam, begabt, lánksem langsam, wolfel wohlfeil; baller baldiger, schölk schuldig, gêtzt geizig, drätzt trotzig, bèrwes barfuß; árnblich ordentlich, vángst vollends, mántwege meinetwegen, vríne vorhin, esballs sobald, eppes etwas, es als, ze so (als Conjunction im Nachsatz und vor dem Verbum stehend);

ᴣomme ᴣusammen, e (a) ein, enand einander, derwĭd dawider, wèrtigs werktags, minand mit einander. Hierzu noch einige Zahl=
wörter: drétʒe, vèrʒe, fuchʒe, dreizehn, vierzehn, fünfzehn; ᴣwaust
ᴣwanzig, drést dreißig, vèrʒf vierzig, fuchʒf fünfzig, nånʒf neun-
ᴣig, honnert hundert; èènèᴣwanʒf einundzwanzig, ᴣwâedrést
zweiunddreißig, neunevèrʒf neunundvierzig.

b. Flur=, Orts= und Taufnamen.

Die Verschleifungen bei den Flur=, Orts= und Taufnamen an-
langend, so kann hier um so mehr davon abgesehen werden, als die-
selben in meinem „Volksthümlichen" (VII.), auf welches verwiesen
wird, ziemlich vollständig aufgeführt worden sind. Es mögen nur
noch von den letzteren einige erwähnt werden, welche dort fehlen; so:
Dèäs Matthäus, Hambál Johann Paulus, Krômes Hieronymus.
Rohra (II.) hat für Andreas Drèis. Dann läßt die henne-
berger Mundart, wenigstens in Meiningen und Obermaßfeld,
auch bei den Familiennamen, wo nicht Verschleifungen, so doch Laut-
veränderungen zu, wie: Bâmbâch Baumbach, Baumô Baumann
Bißmô Bießmann, Grôemô Gramann, Hôfmô Hofmann,
Schûmô Schumann, Lèèster Leister, Schèrmer Schirmer, Sond-
hâmer Sondheimer (Mein.), Méttelsdârf Mittelsdorf, Pfôffer
Pfeifer, Kèèner (Meining. Kâner) Keiner.

Als Erweiterungen können folgende Formen angesehen wer-
den: eckesôme m. (n.), Examen, èrzenei f., Arznei, dèngerig
dènkerts n. (m.), Ding, rèngel m., Ring, Ringel; scholles m.,
Schultheiß, hèrbest m., Herbst, Baltinnes Baltin, Valentin,
wohl auch die Ortsnamen Künneref Kühndorf, Roßderef Roß-
dorf, Bachderef Bachdorf, Wâlderef Walldorf, die indessen ebenso
gut zu den Verschleifungen zu rechnen sind; hierzu noch die Adverbien:
rôckwèrters rückwärts, vûrwèrters vorwärts, vornewack vor-
weg, voran, dernâchet hernach.

E. Corruptionen.

a. Substantiven.

Älſchter f. (m.), Elster, bèèsterz f. (m.), Bachstelze,
(Salzung. baïnsterz), brâme f., Bremse, búerlâme f., Empor-
kirche (Obermaßfeld), dêmût m., Thymian, êâmetʒe f., Ameise

(Wölfershausen līemetze), ǧefǟrts n., Gefährte, Geschirr, ǧejicht f. (n.), Gicht, jǟst m., Gischt, Schaum, jǖer f., Gährung, kǖ=mĕlle f., Kamille, nǟliche f., Nelke (Metzels. II.), onspel f., Amsel, pflatsche f., Pfütze, Quetschter f., Zwetsche, rǟwinzele pl., Rapunzeln, sprĕnzel f., Sprenkel, Falle aus Weidenruthen, in welcher kleinere Vögel gefangen werden, schippel m., Scheibe (eigentlich diminut. von Scheibe, Vilmar 345), wĕrscheft f., Werkstatt. Wie aus dem Judennamen Jacob „Matte" geworden, ist schwer einzusehen.

b. Adjectiven, Verben und andere Redetheile: frésch=mǟlk frischmilchend (Verschleifung?), lecker leugnen; isset irgend, derhǟm daheim, mélâbig, milâbig mein Lebtag, rǟnklich rein=lich, verléchts vielleicht; wĕrzig wirklich.

Zu diesen Formen kommen noch einige, zum Theil specifisch Meininger, bezügl. Obermaßfelder Ausdrücke, welche mehr oder weniger dunkel erscheinen, hier aber nicht unerwähnt bleiben dürfen: wie Lǖm=bich n. Limbach, der „Limbachskeller", ehemal., von den Mein. Bürgern stark besuchte Bierwirthschaft hinter dem Residenzschlosse (Verschleifung?), Motzebrèèrk m., Matthesenberg, Berg, Hügel zwischen Ritschenhausen und Wölfershausen, über welchen die Vicinal=straße vom Werragrund ins Grabfeld führt; Stkfelsgrâbe, ursprünglich Stephansgraben, ziemlich kahle Schlucht mit Berg=gärten, im Süden des Drachenbergs, Meininger Stadtflur; bĕèrschemèrt Markt am Fabian=Sebastianstag, gewöhnlich auf den 20. Januar fallend, bedeutungsvoller Tag für die alten Wetter=propheten; zwĭk m., Burkhardsweck, bâtelsweck (Obermaßfeld. Vergl. mein „Volksthüml. VI."); Fétz (Meining.) und Bîtschgaß (Obermaßf.). Mit ersterem Ausdruck bezeichnet man einen Prome=nadenweg, welcher vom Residenzschlosse aus hinter den Gärten, längs des äußeren (unteren) Mühlgrabens (früheren Wallgrabens) sich bis zur unteren (Werra=) Brücke hinzieht; unter letzterer versteht man eine ziemlich lange Nebengasse am äußersten, westlichen Ende des Dorfes, die zwischen diesem und den „Wiesgärten" hinläuft. Beide Formen mögen aus dem Worte: „Pfütze" entstanden sein; denn jene Orte werden sehr häufig bei eintretendem Hochwasser über=schwemmt, in Folge dessen dann in der Regel Lachen (Pfützen) zurückbleiben.

F. Verkleinerung.

Bei der Verkleinerung, für welche unsere Mundart eine große Vorliebe hat, kommt besonders dreierlei in Betracht, nämlich 1. der Umlaut, 2. der Endconsonant, und 3. die Dehnung und Kürzung des Vocales. Die Verkleinerungsſylbe iſt in ganz I., theilweiſe in II. le lein; im Plural im Grabfeld (an der Milz, Bahra, am Mahl= bach), doch auch ſchon an der Züchſe, Biber, Bauerbach und in einem Seitengrund der Sulz, dann rechts der Werra, (in Ehrenberg und Siegrit), ſowie in einigen Ortſchaften an der mittleren Streu (Oſtheim, Stockheim, Eußenhauſen) lich; in III. le und che, in IV. dagegen che chen im Sing. und Plur.: haus, häusle, hüsche, häuslich; ſtube, ſtüble, ſtibche, ſtüblich. Für Mädchen in ganz I. mädle, mädlich; in II. mädle (Dillſtädt, Rohr, Ellingshauſen, Sülzfeld, Stedtlingen, Nordheim, Oſt= heim, Stockheim, Willmars, Völkershauſen ꝛc.); mâche (Utendorf, Wallbach, Walldorf, Melkers, Helmershauſen, Flabungen); mèèche (Metzels, Herpf, Erbenhauſen, Melpers, Nordheim v. d. Rh.); maïche (Seeba, Bettenhauſen); — in III. mâche, mèèche und maïche: Waſungen, Oepfershauſen, Kaltenlengsfeld, Wahns; Solz, Aſchenhauſen, Kalten= nordheim, Fiſchbach; Stepfershauſen, Oberkatz, Roßdorf, Roſa, Wernshauſen; in IV. mâche.

1. Die ſtarken und ſchwachen Subſtantiven ohne Endung, ſo wie diejenigen, welche den Stammconſonanten und dieſen ſammt der Nachſylbe en abgeworfen haben, nehmen bloß den Umlaut an: gût, gütle n., gítche gütlich, âg âgle n., bâm bâmle m., maus mäusle f., laus läusle f.; bô bóle (bógele) m., zô zóle m., wô wôle (wâgele) m., bî bíle f., rî ríle f., hû hüle f., lû lüle f., ſchût ſchüle m. Die Stammvocale i, e, èè (ei), ſo auch ü und eu bleiben natürlich unverändert: ſchiff ſchiffle n., weck weckle m., klèèd klèèdle n., ſtèè ſtèèle m., mûl müle f., feuer feuerle n.

2. Die ſchwachen Subſtantiven mit der Endung e werfen dieſe ab, falls ſie dieſelbe nicht ſchon abgeworfen haben und nehmen dabei den Umlaut an: dâme dâmle f., kann(e) kännle f., wann(e) wännle f., danne dännle f., kappe käpple, ſoppe ſöpple,

ſtúbe ſtǘble, fůer(e) fǘerle f., gláde gládle f., jade jädle f., báde bådle, náſe näsle f., höſe hösle f., bûſe bûsle f., jange jäugle, zånge zångle, bůerſte bûerſtle f., maus mäusle.

3. Das nämliche findet auch Statt bei den ſtarken (urſprünglich ſchwachen) Subſtantiven masc., indem ſie nämlich das n ihrer Endung en abfallen laſſen: lappe(n) läpple, woppe wöpple; backe(n) bäckle, bracke(n) bräckle, ſacke(n) ſäckle, ſtecke ſteckele (Ausnahme); knache knächle; jang jängle; — nôme nômle (nômele), ſôme ſômle; râſe räsle, räsele (üblicher); bôde(n) bôdele.

4. Die ſtarken und ſchwachen Subſtantiven mit den Endungen el und er nehmen bloß den Umlaut an: wächtel wächtele, ſchächtel ſchächtele; häſpel häſpele, waſſer wäſſerle, mutter mütterle, hutzel hützele, fâder fâderle. Eine Ausnahme im Umlaut machen einige Subſtantiven ad 1 und 3, in welchen das å zu ê wird: glás glêsle, grás grêsle, ráb rêble, pfåd pfêble, nâſt nêſtle (äſt êſtle); fâde fêdele.

5. Die Dehnungen und die Längen werden zu Kürzen bei pf, ck, ch, ſch, z, ls, lt, lz, nd, nz, rſ und rt; bei nd aſſimiliert ſich das d dem n; die Formen vor rb, rſ und rt ſind Zerdehnungen. Das î weicht in é aus, während das û und ô ſich zu ä verdunkelt: maul mälle, gaul gälle (veraltet); topf täpfle, knopf knäpfle, tropf träpfle, zopf zäpfle; (brîf briffle); bôt bäckle, rôt räckle, ſåt ſäckle, ſtôl ſtäckle; lôch lächle, blôch blächle, ſchlich ſchléchle, ſtich ſtéchle; fîſch féſchle, bîſch béſchle, wîſch wéſchle; rîz rézle, ſîz ſézle, ſchlîz ſchlézle, ſchnîz ſchnézle; hâls hälsle; hând hännle, bând bännle, lând lännle, wând wännle, ſtând ſtännle; mantel mäntele; kranz kränzle, ſchwanz ſchwänzle, danz dänzle (dänzle); kuerp kuärble; dûerf därfle, wûerf wärfle; ûert ärtle, wûert wärtle, gûert gärtle (gärtele); ſûerz färzle; hîerſch hérſchle. Ausnahmen ſind: blât blêtle, ráft räftle, ſålz ſälzle, ſchmalz ſchmälzle (vergl. „Volksthüml." III.), wânze wänzle, lî n., lîle.

Bei md m., gibt es zwei Verkleinerungen, die nach Belieben gebraucht werden, nämlich môle und männle, letztere Form iſt indessen üblicher; veilchen macht reichele (Nordheim v. d. Rhön veiele), für schläfle Schläschen steht schläfferle, Pferdchen macht pferrle; weitere unregelmäßig gehende Verkleinerungen sind: öfele Oefchen, kennele Kindchen.

Um das Wort wohlklingender zu machen, schiebt man auch zwischen die Verkleinerungssylbe und die Endung des Substantivums, besonders wenn dies ein Consonant ist, die bedeutungslose Sylbe ich ein: mulichle, mäulichle, gäulichle, stülichle.

Auch die Taufnamen müssen sich eine Verkleinerung gefallen lassen, wie z. B. Bèrle Bärbchen, Hännesle Hänschen, Jårle Georg, Käsperle Kaspar, Christjänle Christian. Erwähnt sei noch, daß man in Stepfershausen (III.), vielleicht auch noch in andern Orten der Gruppe, für Mädchen zwei Verkleinerungssylben hat, nämlich che das allgemein übliche, und le: marche und mèele. Unter ersterer Form versteht man ein größeres (erwachsenes), mit letzterer bezeichnet man ein kleineres Mädchen.

III. Wortbiegung.

A. Das Substantivum.

a. Das Genus.

In der henneberger Mundart stimmt das Genus nicht immer mit dem im nhd. überein; eine Regel hierüber läßt sich indessen nicht wohl aufstellen.

1. Genus masc. sind älschter (f.), bèèsterz (f.), bapp (f.), brächt (f.), grås f., Krätze, häft (f.), kèrtoffel (f. m.), Kartoffel, kuchescheoffel (f.), Kuchenschüssel, lust (f.), mannel (n.·f.), nåchteuel (f.), Nachteule, pfote (f.), schwålm (f.), wål (f.), wonner (n.), Wunder, wierz (f.), Würze, 1. Absud des Bieres; auch der Ausdruck „bèße" scheint gener. masc. zu sein: eß håt me tän bèße dort gefalle; bèße heißt hier soviel als Bischen. So sagt man auch: ich wills wål hå, der wål but me wèhä.

2. gener. fem. sind die Substantiven: äll (n.), Alter, ecke-

ſôme (m.), Examen, hû(n) (n.), hôer (n.), pfau (m.), ſchwône (m.), Schwan, ſuckëln (m.), Blutegel, woppe (n.).

3. generis neutr. bôpſe (m.), ğejicht (f.), klâue (m.), Knaul, figürl. Kopf.

Beiderlei Geſchlechts iſt das Wort brâzel Brezel. Nimmt man daſſelbe als gener. fem., ſo verſteht man darunter bei uns (in Meiningen und Obermaßfeld wenigſtens) das allbekannte größere, mürbe, zu einem Geburtstagsgeſchenk, oder zu einer andern feſtlichen Gelegenheit beſtimmte Backwerk; nimmt man es dagegen als gener. masc., ſo meint man damit die kleineren Backwerke, z. B. die Faſtenbrezel, die in der Zeit von Neujahr bis Oſtern in Körben herumgetragen wer=
den. Sache iſt gener. neutr., wenn man darunter ſo viel als Zeug, Stoff, Materie verſteht: dâß ſache dôgt in der wârzel niſſ das Zeug taugt gar nichts; als gener. fem. (Sing. oder Plur.) bedeutet das Wort ſo viel als Aufgabe, pensum: jång, lèrn bei ſache Junge, lern' deine Aufgabe. Noch iſt die etwas dunkele Form lichte (licht?) in der Redensart: du ſtäſt me in lichte zu erwähnen, du ſtehſt mir im Licht, machſt mir Schatten, bei welcher es zweifelhaft iſt, ob dieſelbe zum ſächlichen oder männlichen Geſchlecht gehört.

Die Verwandlung des Subſtantivums gen. masc. in gener. fem. geht faſt ausnahmsles wie die im nhd. vor ſich, indem demſelben ein e hinzugefügt wird. Die Dehnungen werden zu Kürzen, und der Stammvocal vor ck, ch, pf verdunkelt ſich; alſo: hèrt hèrte, koch käche, bôt(e) bôte, wiert wèrte, dôt dôte (dôte II.), daube däube (IV. bibe und dippert m.). Abweichend geht pfèrnere Pfarrerin. Bei den Familiennamen, beſonders wenn ſie geſchrieben wurden, bediente man ſich ehedem der nhd. Endung in, wie: Köhlerin, Hölzerin, Bießmännin, Spießin. Das iſt aber neuerdings ganz außer Gebrauch gekommen; man läßt die Endung weg. In Meiningen ſpricht man, wenn von der ganzen Familie die Rede iſt: die Köhlers, die Kirchners, die Spießens, die Amthors, die Johanneſens. Für dieſe Form nimmt man in Obermaßfeld, auch wohl anderwärts: die ſcholzeleut, dreßlers=
leut, Ditzeleut, wèrtsleut. Man ſetzt alſo auch hier gewöhnlich den Beruf, oder das Geſchäft an die Stelle des Familiennamens.

b. Der Numerus.

Der Plural wird im Allgemeinen wie der im Schriftdeutschen gebildet. Maßgebend dabei sind der Umlaut, die Endung und die Dehnungen, welche letztere, ähnlich der Verkleinerung, wieder zu Kürzen werden; doch verkürzen sich auch Längen. In den starken Substantiven mit den Lautverbindungen ld und nd assimiliert sich das d dem l und n; bei den Dehnungen vor pf, ck und ch verdunkelt sich der Umlaut, während der dunkele Stammvocal â vor f, st und d zu einem é wird und das î vor sch, t und z (tz) in é ausweicht. Letzteres geschieht auch bei Kürzen.

Man unterscheidet bei der Pluralbildung selbst sechserlei: 1. starke und schwache einsylbige Substantiven; 2. schwache zweisylbige Substantiven mit der abgefallenen Endung e; 3. schwache zweisylbige Substantiven mit der Endung e, welche aber geblieben ist; 4. starke zweisylbige Substantiven mit der Endung en, deren n abgefallen ist; 5. starke und schwache zweisylbige Substantiven mit der Endung el; 6. starke und schwache zweisylbige Substantiven mit der Endung er.

1. a. Den Umlaut mit der Biegungsendung er haben die Kürzen: lamm lämmer, fach fächer; Längen: hû hünner; dâl dáler, maul mäuler; grâb grêber; bûch bücher, dûch dücher; hôer hôerer; môeß môeßer; lûs lüßer, haus häuser, strauß sträußer (sträuß), glâs glêser, grâs grêser, râd rêder; Dehnungen: mô männer; blôch blâcher, dâch dächer, jôch jöcher; fâß fäffer, schlôß schlâffer; wâlt wälter, fâld fäller, gâld geller, kâp kälber; bûerf bûrfer; ûert ârter, wûert wârter.

b. Die Endung er ohne Umlaut haben: fleck flecker; sêel sêeler, stîl stîler, glîd glîder; drât drecker.

c. Den bloßen Umlaut haben, Kürzen: muff müff; frack fräck, dâchs dächs; brust brüst; sprâng sprâng; bond bönn, frând frönn, grond grönn, hond hönn (veraltet) honn; wolef wölf; stârm stârm, schâft schéft; Dehnungen: kâmp kâmm, krâmpf krâmpf, schwâmp schwâmm; stôm stâmm; bâl bâll, fâl fâll, stâl stâll; bûf büff, knûf knüff; fât jäck, drûf dröck (wenig üblich), rôt räck, bôt bäck, rît réck, pflôt pfläck, stôt stäck, flôt flüh; schlich schléch, stîch stéch; kôpf käpf, knôpf knäpf, kröpf kräpf, zôpf zäpf; riß réß, bîß béß, schîß schéß, schmiß schméß, fûß füß, flûß flüß, gûß güß göß, grûß grüß, schûß schüß; wisch wésch, fisch fésch, disch désch; rît rétt, schrît schrétt; râz räz, rôz räz, sâz säz; gânk gäng, klânk kläng, hânk häng, schânk schäng; wând wänn, hând hänn, gâns gäns; schwânz schwänz, dânz dänz (dânz); wûrf wärf, wiert wert, wûerst wärst (wûerst).

d. Längen: bâm bâm (bâmer), fû fû, lû lû, spôä spêä, zô zê; tû tûh; pfâl pfâl, sâl sâl, stûl stûl, gaul gäul; schwûer schwûer, schnûer schnûer, stâr stâr; hûf hûf; wât wâ, schlâk schlâ schlâg, dâk dâ, stâk stâk, pflûk pflûk pflûg, krûk krûg, schûk schûh, zûk zûk; bauch bäuch, brauch bräuch; spaß spâß, gâst gést, nâst nést est; hût hüt; bôert bôert, schlôet schlôet, drôet drôet; grâf macht grâfe; maus mäus, laus läus, faust fäust, braut bräut, haut häut; flûß flüß.

e. Fast völlig unverändert bleiben die starken Substantiven masc. und neutr.: ki n., kni, zi, rèè, stèè (stènner); kil, spil, deèl, dûer, mêer, hêer, stîer, dîer; hîp, fîp, dîp, beil; schâf schâff, brîf briff, krît krîg, fîg; kèrn, stèrn. Schwach und fem.: mâd, jâd, bèrn, bî, rî, bû.

2. Die schwachen zweisylbigen Substantiven fem., welche auch im Plural ohne die abgefallene Endung e bleiben, sind a. Kürzen: kann, wann, schann, wonn, sonn, ronn; wälln, brilln, welln, kelln, schelln, schwelln, delln; fèrr, dèrr; wach; bitt, mètt; mang, läng. Eine Ausnahme macht hûer(e), mit dem Plur. hârn; b. Längen: kâl; spûer, bêär, schêär; lâg, blâg, wâg, sâ, sprâch; c. Kürzungen: bunn; schälln, sulln, spulln, helln, holln, bolln, bälln Beule; daff, raff.

3. Zu den schwachen zweisylbigen Substantiven fem. mit der Endung e, welche im Plural bleibt, gehören folgende, aus Kürzen, Längen, Dehnungen und Kürzungen bestehende Fälle; a. Kürzen: schramme; danne, lénne, rénne, bénne, wénne; kappe, kuppe, kuppe, lippe, rippe, zippe, dreppe, löppe, kröppe; hiffe; macke Uebel (Judenspr.), jacke, gläcke, däcke, möcke,

bröcke, bröcke Trücke, Trockene; mache, lache, rache, wache, sache; masse, rasse, tasse, dasse; franse, lanze, schanze; — b. Längen: dâme, fâne, lâne; nâbe, gâbe, hâbe, hâwe Hacke, Haue, grûbe, stûbe stûbe, schraube, daube; hêse(n); nâse, rûse, dûse, mèèse, wèèse Waise, hôse; pfôte, môde, zôte; — Dehnungen: wânze, pflânze; — Kürzungen: blumme, pflâmme; roppe; tuffe, wèffe, sèffe, schlèsse; schnäcke; èche, wèche, sèche, spèche.

Die wenigen zweisylbigen starken Substantiven masc. mit der Endung e, welche im Singular abfällt, im Plural aber wieder angehängt wird, sind die Gattungs- und Eigennamen: hâs hâse, lôb lôwe, uss usse, russ russe, Prôß Prôße, scholz scholze, Dârk Dârke Türke, Sâchs Sâchse.

4. Zu den zweisylbigen starken Substantiven masc. mit der Endung en, von welcher der Consonant e im Plural abfällt, zählen a. die Kürzen: lappe, woppe; rappe; nacke (üblicher ânke), backe, râcke, sâcke; rache(n), knâche; hâpfe, knâpfe (knoppe knospe); gèrte(n), pfoste; — b. Längen: nôme nôme, rôme rôm, rôm, sôme, rîme; lâbe(n), schâbe, bôde bôde, knôte, pfôste.

Die ganze Endung sammt dem Stammconsonanten g fällt ab in den Längen mô, bô, wô; das bloße e der Endung fällt ab in den Kürzungen knârn, spârn.

5. Die schwachen zweisylbigen Substantiven mit der Endung el bleiben im Plural unverändert; desgleichen auch die starken: nûdel, wâchtel, schâchtel; kanzel, onspel, distel; schôssel, hâspel, gâsel, dâsel, schausel; — wannel, kessel, rüssel, nâbel, schnâbel, sâbel, hôfel, hâmel, sâmel, bûdel; apfel, vèrtel.

6. Unverändert bleiben endlich auch noch die starken und schwachen Substantiven mit der Endung er; einige nehmen aber den Umlaut an: vâter vâter, brûder brûder, messer messer, richter richter, krôtzer krôtzer, bauer bauer; fâder fâder, mutter mütter, lètter lètter.

Abweichend von dem Schriftdeutschen sind folgende Fälle: frâ steht nur im Singular; im Plural gebraucht man hierfür: weiber, auch weiberleut im Gegensatz zu männerleut. Doch steht auch die Form weiberleut im Singular; es wird aber dann darunter eine Weibsperson mit dem Genus neutr. verstanden; und es steht in diesem Falle derselben mannsk̀èrle entgegen; gaul ist ebenfalls nur im Singular üblich, im Plural hat man dafür pfèèr, im Diminutiv pfèrrle Sing. und Plur.; hólperle, hollperlebeere, hollperle, Vaccinium Vitis idaea (Perlen der Erdgöttin Holla, Dr. Moses) und schwèrze bèär schwarze Beeren, Heidelbeeren, sind nur im Plural vorhanden. Bei Zusammensetzungen mit dem Worte dåk wird dieses im Plural gestellt: dålû Taglohn, då=schlåffere Tagschläferin, Schlaffack, Küchenschelle, Anemone Pulsatilla. Sonderbarer Weise hat die Mundart, wenigstens in Meiningen, auch für das Begriffswort geschmåk eine Pluralform, nämlich ge=schmåker; hèmm macht (im Plural) hemmer, auch hember.

Auch im Diminutiv des Plurals weichen einige Wörter von der gewöhnlichen Form ab, indem zwischen den Stamm und die Ver=kleinerungssylbe er eingeschoben wird. Dahin gehören: ågerle Aeug=lein, männerle statt mòle; blümmerle, måderle Mädchen, håljerle, jångerle, stènnerle (stèèle), dåuberle Täubchen, dårserle. Die Form: bünnle Böhnchen ist Sing. und Plural; nimmt man sie im letzteren, dann versteht man darunter vorzugsweise ein Gericht (Gemüse) Bohnen.

Eine besondere Pluralbildung (vergl. auch St. bei Fromm. II. 353), die im Fränkisch=Hennebergischen sehr beliebt ist, wird ange=wendet, wenn man das Ungefähre, Beiläufige, Annähernde, Muth=maßliche bezeichnen will. Zu den Substantiven, welche dieser Form sich bequemen, gehören vorzugsweise solche, die, als Einheit gedacht, eine gewisse Menge, Zahl in sich schließen, als Maße, Münzen, Gewicht und Zeitbestimmungen: Meile, Stunde, Ruthe, Fuß, Zoll, Klafter, Eimer, Butte, Faß; Thaler, Groschen, Gulden, Kreuzer; Centner, Pfund, Loth; Jahr, Monat, Woche, Tag, Stunde, Minute, Uhr; Hundert, Schock, Mandel, Dutzend, Stück, auch mal. Gattungsnamen kommen nur selten vor, Stoff= und Sammelnamen gar nicht. Dabei gehen die Mehrheiten nicht unter 3 herunter und versteigen sich auch nicht zu hoch; selten wird die Zahl 100 erreicht. Es werden, wenn von Münzen die Rede ist, größere Sorten, oder solche, welche durch ein Compositum ausgedrückt sind, wie z. B.: Kronenthaler, Laubthaler,

Louisd'or möglichst vermieden. Ebenso kommen auch zusammengesetzte Zahlwörter über 20, wie dreiundzwanzig, sechsundvierzig ꝛc. nie vor. Die Endung des Substantivums bei der Pluralbildung dieser Art ist bald er, bald ner, und es richtet sich dieselbe je nach dem Endconsonanten des Substantivums ohne Rücksicht auf dessen starke oder schwache Form. Dem Zahlwort geht stets der sonst nicht übliche Genitiv mit dem unbestimmten Artikel voraus, diesem folgt der Plural des Substantivums, nach welchem dann das Zahlwort kommt.

Beispiele: e meiler âcht, gegen acht Meilen, e dâlerer drei etwa drei Thaler; e göllener vier, ungefähr vier Gulden; e krötzerer fönef, beiläufig fünf Kreuzer; e stonner sîbe um sieben Stunden; e rûtener neu ungefähr neun Ruthen; e fûßer zwölef etwa zwölf Fuß; e zoller zâ gegen zehn Zoll; e kläfterer elef gegen elf Klaftern; e êemerer drêtze um dreizehn Einer; e bottener zwanzł; e fasser, fässerer vêrze, e moesser nänze; e zennerer âchze, e pfonder (pfonner) fechze; e lûter sibze; — e jôerer drei, e môneter sechs, e wâchener âcht, e stonner drei, e sterer neu; — e honnerter vier, e schocker fönef, e manneler zwölef, e dotzener elef, e stöcker vêrze; e dassener vier, e môeler âcht gegen acht mal.

Wie so Manches in Sitte und Sprache allmählig untergeht, so hat zum Theil auch dieser eigenthümlichen Pluralbildung durch die Einführung der neuen undeutschen Benennung von Maßen, Münzen und Gewichten die Stunde bereits geschlagen. Denn es ist kaum anzunehmen, daß unsere sonst nicht unbehülflichen Henneberger diese Frembdlinge über ihre Zunge bringen werden. Wie hart und holperig klingt nicht auch: e mêterer sîbe, e kilomêterer drei, e martener âcht, e grammerer zâ, e litterer fönef! —

c. Der Casus.

Die henneberger Mundart kennt eigentlich nur drei Casus: den Nominativ, Dativ und Accusativ. Der fehlende Genitiv wird durch den Ablativ ersetzt. Von einem wirklichen Genitiv sind nur wenige Fälle bekannt, und zwar in folgenden Redensarten: heutiges dâ's heutiges Tages, hâ macht nét vil wâse's Wesens, nét vil fûderläse's Federlesens; ich hâ mangels ön en ich zweifele, ob er8 iſt; grádewacks geradewegs; eß és nét der mî (Mühe) wèèrt es iſt nicht der Mühe werth; há es brügelns wèèrt er iſt Prügelns werth; ſü ſénn hannels èènig wárn ſie ſind Handels einig geworden. (Vergl. das Pronomen.)

d. Die Declination.

1. **Der beſtimmte Artikel.**

Sing., masc. der, vo(n) dan, dan, dan; fem. die, vo(n) der, der, die; neutr. deß, vo(n) dan, dan, deß; Plur. die, vo(n) dan, dan, die.

2. **Der unbeſtimmte Artikel.**

Sing., masc. e, vo (von) en, en, en; fem. e, vo (von) er (ere), er, e; neutr. e, vo (von) en, en, e. Die eingeklammerten Formen werden beliebig neben der voranſtehenden gebraucht, ohne daß dadurch der Sinn und die Bedeutung des Satzes irgendwie ver= ändert wird.

3. **Die Declination des Subſtantivums.**

Nachdem das Genus, der Numerus und der Caſus deſſelben feſtgeſtellt worden ſind, iſt deſſen Declination eine leichte Sache. Im Singular bleiben alle Caſus unverändert, in Dativ Pluralis nehmen die unter 1. a, b und 5. 6. aufgeführten Subſtantiven ein n; diejenigen unter 1. c, d und e größtentheils, 2. 3 und 4 hingegen ein e an. Eine Ausnahme machen fáß, wál und dák: im Dativ Sing. hat erſteres neben fáß auch faß: eß és niff méá im faß es iſt nichts mehr im Faß; die beiden letzten haben im wá, bä (bei) dá.

Beispiele. 1. a: fach fächer fächern, gláš glêſer glêſern, fáß fäſſer fäſſern, dúerf dárfer dárfern; — b: fleck fleder fledern, ſtîl ſtîler ſtilern, glîd glîder glidern; — c: bruſt brüſt brüſtene, ſpráng ſpräng ſprängene, pflúk pflúk pflúkene; ſchlôet ſchlôet ſchlôetene; ſtál ſtäll ſtällene; kopf köpf köpfene; wák wá wáene; dák dá dáene; biß béß béſſene; ſchtz ſätz ſätzene, wiert wert wertene; — d: kû kú kúhene; maus mäus mäuſene; laus läus läuſene; braut bräut bräutene, leut leutene; —

e: ſtîer ſtîer ſtîrene, hîp hîp hîbene; ſchâf ſchâff ſchâffene; bèrn bèrn bèrne (bèrnene).

2. bëär bëär bëerene, ſchéär ſchéär ſchêrene, hûer hârn hârnene; raſſ raſſ raſſene.

3. rippe rippene; glâcke glâckene, ſache ſachene; daſſe daſſene; gâbe gâbene, wîſe wîſene; blumine blummene, ſchnäcke ſchnäckene; kête kêtene, mâble mâblene, häſ häſene, löb löwene.

4. lappe lappene, backe backene, knäche knächene, ge= bänke gebänkene; gèrte gèrtene, ôſe ôſene, bôde bôdene; uſſ uſſene, Ruſſ Ruſſene, Bröß Bröſſene, Sachs Sächſene, Dârk Dârkene.

5. gâfel gâfeln, wächtel wächteln, ſchächtel ſchächteln, ſchöſſel ſchöſſeln, hâmel hâmeln, apfel äpfeln, keſſel keſſeln, vèrtel vèrteln.

6. vâter vâtern, krötzer krötzern, bauer bauern, fâder fâdern, mutter müttern, lètter lèttern. (Tabelle ſiehe folgende Seite.)

Für den im Dativ Sing. und Acc. masc. und Dativ neutr., ſowie im Dativ Plur. aller drei Geſchlechter kann auch dan ſtehen, wenn von einer Perſon die Rede iſt, welche näher bezeichnet wird; was aber nicht mit den betreffenden Caſus des Pronomen demonstrativum verwechſelt werden darf, welcher ebenſo lautet, nur mit dem Unterſchiede, daß letzteres mehr betont wird: ich hâ'ß vo dan mȯ gekaft, dèèr mî ſchölk és ich habe es von dem Manne gekauft, welcher mir ſchuldet; mî honn'ß dan kènt gâbe, bäß heut ge= ſtârbe és wir haben es dem Kinde gegeben, welches heute geſtorben iſt; ſü nâme'ß dan leutene (leute), die ſelber niſſ honn ſie nehmen's den Leuten, die ſelbſt nichts haben.

B. Das Adjectivum.

a. Declination.

1. Mit dem beſtimmten Artikel.

In Verbindung mit dem Subſtantivum weicht daſſelbe einiger= maßen von der Declination im nhd. ab. Im Sing. bleibt der Nom. masc. und der Nom. und Acc. neutr., ſowie alle Caſus des fem.

Die Declination.

Tabelle über die Declination des Substantivums.

Singular.

	1. a.	1. b.	5.	6.	1. c—e.			2—3.	4.
N.	beß sach	beß glib	ber hämel	ber träger	ber bám	beß schaff	die laus	die gábe	ber öse
G.	vo(n) ben sach	vo ben glib	vo ben hämel	vo ben träger	vo ben bám	vo ben schaff	vo ber laus	vo ber gábe	vo ben öse
D.	ben sach	ben glib	ben hämel	ben träger	ben bám	ben schaff	ber laus	ber gábe	ben öse
A.	beß sach	beß glib	ben hämel	ben träger	ben bám	beß schaff	die laus	die gábe	ben öse

Plural.

	1. a.	1. b.	5.	6.	1. c—e.			2—3.	4.
N.	die sächer	die gliber	die hämel	die träger	die bám	die schäffe	die läuse	die gábe	die öse
G.	vo ben sächern	vo ben glibern	vo ben hämeln	vo ben trägern	vo ben bámene	vo ben schäffene	vo ben läusene	vo ben gábene	vo ben ösene
D.	ben sächern	ben glibern	ben hämeln	ben trägern	ben bámene	ben schäffene	ben läusene	ben gábene	ben öseme
A.	die sächer	die gliber	die hämel	die träger	die bám	die schäff	die läuse	die gábe	die öse.

ohne Endung; der Dativ mit dem Vocc. (bez. Genitiv) und Acc. masc., der Dativ neutr. und alle Casus des Plur. haben ein e: Sing. der gût mô, die gût frû, deß gût fént, vo den gûte mô, vo der gût frû, vo den gûte fént, den gûte mô, der gût frû, den gûte fént, den gûte mô, die gût frû, deß gût fént. Plur. die gûte männer, die gûte weiber, die gûte fénner.

Die Dehnungen werden zu Kürzen, die i und ei werden zu é, während sich in den Adjectiven mit den Endungen lt und nt sich das d, t dem l und n assimiliert: der hoch himmel, die lang mauer, deß réch mädle; die fréſch butter, der all bâm, die well fatz, deß all haus, die alle bâm, die welle fatze, die alle häuſer; der blénn gaul, die blénn fû, deß blénn fâp. Bei Zeitbeſtimmungen erleidet das Adjectivum hâp halb eine Erweiterung: eß és halber zwölef (ûr), während die Zuſammenſetzung anderthalb in Verbindung mit dem Subſtantivum, abweichend von der ſchriftdeutſchen Form, die Endung des Plural e er‐ hält, welche dieſer fehlt: ich hä annerthalbe häuſer, die ſäu koſte annerthalbe dâler.

2. Mit dem unbeſtimmten Artikel.

Auch die Declination mit dem unbeſtimmten Artikel weicht einigermaßen von der im nhd. ab. Der Nom. masc. hat er, der Dativ und Acc. masc. und Dativ neutr. hat e; die übrigen Caſus aller drei Geſchlechter bleiben unverändert: e hocher därm, e all éche, e neu haus; en hoche därm, ener alle éche, en neue haus; en hoche därm, e alle éche, e neu haus.

Indeſſen wird in einem Falle bei dem unbeſtimmten Zahlwort all, wo im nhd. der Artikel wegfällt, dieſer angewandt: me kô'ß nét all den leutene racht ğemach man kanns nicht allen Leuten recht machen.

Noch einfacher iſt die Declination, wenn dem Adjectivum kein Artikel vorhergeht. Der Singular fehlt. Es declinirt ſo: réche bauer, hüſche mädlich, fléßige fénner; réchen bauern, hüſchen mädlich(en), fléßigen fénnern; réche bauer, hüſche mädlich, fléßige fénner.

Das Adjectivum bleibt dagegen unverändert, wenn es atribi gebraucht wird und demnach hinter das Substantivum zu st kommt. In diesem Falle werden dann die Kürzen wieder Dehnungen: der himmel ês hôcht, die welt ês âlt, mélich ês frîsch, deß döpfe ês vôl, die pfèèr sênn krân

b. Die Gradation.

Die Gradation hat mit der im nhd. viel Aehnlichkeit. Dies e weicht nur insofern von letzterer ab, als im 2. und 3. Grad e Längen zu Kürzungen, und die Dehnungen zu Kürzen werden. ‿ r Diphthong ei geht in é (in III. zu i) über, und das d, t r Endung et assimilirt sich dem l. Die Kürzen verändern sich nic t. Beispiele: grůß gröſzer ám gröſzte, weit wétter ám wéttſ e, lánk länger ám längste, âlt áller ám állste, hell heller ám hellste, ʒeschwind ʒeschwinder ám ʒeschwindste. Ausnahme: lîp lîber ám lîbbste.

Das Adjectivum hůsch hübsch ist nur im Positiv üblich; für die übrigen zwei Grade nimmt man schúe schön: hůsch schůnner ám schůnste.

Ein aus dem Superlativ von gût gebildetes Substantivum ist zum beste, von beste, dessen Genus zweifelhaft erscheint: eß gåt nét zum beste mit en ihm; eß ês (das Wasser, Brod) nét von beste. Im letzteren Falle versteht man unter „von beste" es ist nicht viel werth, taugt nicht viel.

Einer Comparation ist auch das unbestimmte Zahlwort vil viel fähig. Dasselbe geht: vil meä ám männste, oder auch ám meärste. Im Süden von I., auch in III. hört man im 2. Grad mîe, männer (Grabfeld); im 2. und 3. Grad haben III. und IV. män, marste.

Außer viel hat unsere Mundart ebenfalls eine Gradation für das Adverbium sáchte sachte, leise, langsam, dessen 3. Grad jedoch zu fehlen scheint. Dasselbe geht: sáchte, sáchtener: hä läßt'ß sáchtener gehä er läßt im Eifer nach.

Eine sonderbare Superlativform findet, besonders in Meiningen, Statt. Man sagt da nicht: ich há en racht gruße důerst ich habe einen sehr großen Durst, sondern „ich há går seär en důerst", nicht: ich habe eine sehr große Angst, sondern: ich há går seäre angst.

C. Das Pronomen.

a. Das geschlechtlose Pronomen:
ich du.

Wie bei dem Artikel und dem Substantivum, so fehlt auch hier der Genitiv. Nur in einigen wenigen Redensarten hat derselbe sich erhalten, wie in der scherzhaften Interjection: männer sechs! meiner sechs; ich bi meiner nét mẽä mächtig; sú sénn sänner décfbrèètsát; eß sénn euer drei. Die Declination gestaltet sich folgendermaßen: ich (îch) me (mî) mich (mîch), mi (mî), ons ons; du (dû) de (dî), dich (dîch), ü (ú), euch euch. Die eingeklammerten Formen wendet man an, wenn auf das Wort (die Person) ein Accent gelegt wird: ich komm, îch (kein anderer) komm; eß friert mich, mîch muß me lôp; mi sénn gesond, mî honn dáß jedôc; ich will de'ß sá, dî will ich'ß sá; gimme en apfel, gâ mî en apfel; dû mußt dáfúr háft, ich ruff dich, mi mèène dîch; ú séd schold drô.

Statt des Nominativs Sing. und Plur. du und ú ihr nimmt man im Imperativ auch de: ob de gleich gäst! willst du gleich gehen; ob de gleich naus wollt! wollt ihr gleich hinausgehen.

Wie es hie und da noch im schlechten Schriftdeutschen vorkommt, so steht auch in der Mundart für ons uns sich: mi honn sich minand gezankt, mi fráe sich of die hochzig, mi lẽä sich ömmer ball schláff, mi honn sich geérrt.

b. Das geschlechtliche Pronomen
hä, (há) er, sü, (sú) sie, eß es.

Dasselbe declinirt: Sing. hä (há), en (ün) en (ün); sü (sú) er (ere), (úr) sü (sú); eß en (ün) eß; Plur. sü (sú) en (ün) sü (sú). Man bedient sich der eingeklammerten Formen, wenn das Wort betont wird: há schreipt, há spréch̆t so; me tô en niss ôgehá anhaben, zu ün muß me gehá; ich kenn en niet, ich nám ün on kän annere zum gevátermô; sü schweigt stélle, sú will deß gruß wúert; súer; úer will ich glèè; sü komme gleich, sú möße daß bezál; mi sénn en niss schölt, ün gerät alles, mî niss; há git er (ere) en schmúz er gibt ihr einen Kuß, úr git e en schmúz.

Das nicht eingeklammerte en ihm ihn darf nicht mit dem unbestimmten geschlechtlosen Pronomen än einem, einen verwechselt werden: eß tut än nét gût, eß frât än går sêer, bamme ǧeêrt wèrt (hèßt dåß, von gûte leutene), der verstând bleit än stänne.

In der Anrede verwechselt man in der Regel den Accusativ mit dem Dativ, indem man z. B. sagt: frîrt Ihne nît? (Mein.), friert es Sie nicht? eß gät Ihne niss û es geht Ihnen (Sie) nichts an.

c. Das Pronomen possessivum
me mei(n), de dei(n), sä sei(n), ons unser, euer, år ihr.

(Tabelle siehe folgende Seite.)

Beide Formen werden neben einander gebraucht, doch so, daß die eingeklammerte in der Regel genommen wird, wenn man einen Accent darauf legt: mä haus és me nét fèèl, däß haus és mei; ich há'ß dänner mutter gâbe, ich gâ'ß deiner mutter, nét seiner; år tént és trânt, däß tént és ůr, sä usse sénn fett, die schäff sénn sei.

Auch bei dem Pronomen possess. finden sich einige Fälle, in welchen der wirkliche Genitiv geblieben ist, so in den Redensarten: ich wèèß mä's leibes tän rôet, me és sä's lâbes nét meä sécher: ich weiß meines Leibes keinen Rath, man ist seines Lebens nicht mehr sicher; eß sénn euer sîbe bä désch, es sind euer(er) sieben bei Tisch.

Statt des Genitivs bedient man sich einer Ausdrucksweise, welcher man nicht selten auch in der Schriftsprache begegnet. Man sagt: dan sei haus dem sein haus, dèère år mô; däß és män våter sä (sei) gèrte das ist meinem Vater sein Garten, däß és männer schwester år ausstätting, däß sénn männer frâ år bräutschů, däß és män jånge sä dôt, däß sénn årn ténnern år äder.

Wie im nhd., so ist auch in der Mundart das unecht substantivische Pronomen: deß meinig, deinig, seinig, úrig im Gebrauch; há hät deß seinig durchgebrâcht, eß gät alles von meinige (sprécht die frâ), sů hät niss meä von úrige (sprécht há).

Das Pronomen.   51

Singular.

mei

	masc.	fem.	neutr.
N.	me (mei)	mû (mei)	mû (mei)
D.	mûn (mein)	männer (meiner)	mûn (mein)
A.	mûn (mein)	mû (mei)	mû (mei)

be

	masc.	fem.	neutr.
N.	bû (bei)	bû (bei)	bû (bei)
D.	bûn (bein)	bûnner (beiner)	bûn (bein)
A.	bû (bei)	bû (bei)	bû (bei)

sei

	masc.	fem.	neutr.
N.	fû (fei)	fû (fei)	fû (fei)
D.	fûn (fein)	fûnner (feiner)	fûn (fein)
A.	fû (fei)	fû (fei)	fû (fei)

Plural.

	masc.	fem.	neutr.
N.	mû (mei)	bû (bei)	fû (fei)
D.	mûn (mein)	bûn (bein)	fûn (fein)
A.	mû (mei)	bû (bei)	fû (fei)

Singular.

euer

	masc.	fem.	neutr.
N.	euer	euer	euer
D.	euern	euern	euern
A.	euer	euer	euer

onser

	masc.	fem.	neutr.
N.	ons (onser)	ons (onser)	ons (onser)
D.	onsern	onser	onsern
A.	onsen	ons	ons (onser)

îr

	masc.	fem.	neutr.
N.	îr	îr	îr
D.	îrm	îrner	îrm
A.	îr	îr	îr

Plural.

N.	ons (onser)
D.	onsern
A.	onser

4*

d. **Das Pronomen demonstrativum**
dèèr, die, däß.

Das Pronomen demonstrativum unterscheidet sich nur wenig von dem bestimmten Artikel; es wird gedehnt ausgesprochen, während das masc. und neutr. im Dativ und Accusativ ein a und das fem. im Dativ èè erhält. Dasselbe decliniert: Sing. dèèr dan dan, die dèère die, däß dan däß; Plur. die dan die. Für jener jene jenes nimmt man seller sell sell. Die Formen dêner, dê dês sind so gut wie ausgestorben; nur in dem Compositum deß sellmôel jenesmal, einst hat sich dieselbe nothdürftig erhalten. Statt des Genitivs dessen deren bedient man sich nachstehender Formen (in Verbindung mit dem Pronomen possessivum): dan sei haus diesem sein Haus, dèère ǎr mô dieser ihr Mann (deren Mann); dan sǎ frâ hǎt vil gǎlb mitgebrǎcht die Frau dieses Mannes hat viel Geld zugebracht; dèère ǎr kénner gǎn bi die säu hèèr die Kinder dieser (Frau) gehen wie die Schweine (so un= sauber) einher, in dan sein haus ès nét richtig in dem Hause dieses (Mannes) ists nicht richtig (gehts um); ös dèère ǎrn mǎdle kôme niss rausgebrěng aus dem Mädchen dieser (Person) kann man nichts herausbringen, d. h. sie spricht, antwortet nichts; däß ként, dan sei vǎter gestǎrbe ès, kǎ noch nét emôel ge= laff das Kind, dessen Vater gestorben ist, kann noch nicht einmal laufen; der mô dan sǎ vermǒge die jůde in hänne (hännene) honn, ès in'ß wasser gesprǎnge der Mann, dessen Vermögen die Juden in den Händen haben, ist ins Wasser gesprungen; die tû, dèère ǎr kûp genumme ès wǎrn, schreit in änhî die Kuh, deren Kalb man genommen hat, schreit (brüllt) in einem weg.

e. **Das Pronomen relativum.**

Die Declination desselben fällt mit derjenigen des Pronomen demonstrativum, bezüglich des Artikels zusammen, und es bedarf da= her einer besonderen Darstellung nicht. Einige Beispiele mögen dies zeigen: der mô, dèèr sǎ bèè verlǎrn hǎt, gǎt bǎtel der Mann, welcher sein Bein verloren hat, bettelt; die frâ, die ös Züsse rei gefreit hǎt, ès übergeschnappt die Frau, welche aus Züchsen hereingeheirathet hat, ist verrückt geworden. Indessen bedient man sich statt dieser Form, an manchen Orten mit Vorliebe, der Partikel báß wos und bû wo: ban lèrme, báß ü macht den Lärm, den ihr macht; báß bûch, báß me zont lèfft, dògt (báğt) gòer niff das Tuch, welches man jetzt kauft, taugt gar nichts; die äpfel, bu me heuer gebaut honn, fénn minand wárm= stéchig die Aepfel, die wir in diesem Jahre geerntet haben, sind alle wurmstichig.

f. Das Pronomen interrogativum.

1. Das transitive Pronomen
bê welcher, bê welche, bê welches.

Die Declination desselben ist: Sing., masc. bê bén bén; fem. bê béner bê; neutr. bê bén bê; Plur. bê bén bê. Beispiele: bê mâ wár bòe; bén jânge hâste'ß gâbe; bén bâm wonnse ömhack; bê gâns hätse geschlácht, béner frâ biste gût, bê tû wiste verkèff; bê ként és jestárbe, bén bögele wonnse e nâstle bau; bê haus hâste geerbt; bê leut fénn öm= komme, bén uffene fâle die eise, bê soldáte mößte vernêär.

2. Das intransitive Pronomen
bèèr wer.

Dasselbe declinirt: Nom. bèèr, Dat. bâm, Acc. ban. Bei= spiele hierzu sind: bèèr hát die welt derschaffe, bâm gehüert báß schlôß, ban honnse heut zum scholze jeküert; von bâm sän gáld hát bèèr báß hüsch haus gebaut.

Die Form „ban" darf man aber nicht mit der Conjunction bann wann, wenn verwechseln, was leicht geschehen kann: bann wollte mich besúch. Für den Dativ bâm hört man (in Obermaß= feld wenigstens) auch bèèr: bèèr hâste of die kèrmeß geládde.

3. Das bloß fragende Pronomen
bî bá, báß (báß) was,

welches nicht gebogen wird, bedarf nur weniger Worte der Erläuterung. Die zweite, eingeklammerte Form wendet man an, wenn das Wort betont wird: mutter, báß git'ß heut ze esse? báß hâste gesåt? jång, båß machste für domme sache! båß wiste? Wenn von einer bestimmten Sache ohne Rücksicht auf das Genus derselben die Rede ist, dann nimmt man statt båß „bêß": bêß wollte? båß odder dåß (dêß)? Welches wollt ihr? dieses oder jenes? Die Formen bå, bî werden genommen, wenn man etwas nicht recht verstanden hat: bå? bî wår båß?

g. Das Pronomen infinitivum
me man.

Dasselbe wird ganz so wie im Schriftdeutschen angewandt, nur kommen dabei, wenn dasselbe nicht an der Spitze des Satzes steht (vergl. II. C.), fast durchgehends Anlehnungen vor: bamme niß håt (sprécht der bauer), kåme me niß gegå wenn man nichts hat (spricht der Bauer), kann man nichts geben; bamme'ß bä licht bedråcht, je és dråf wenn man's bei Licht betrachtet, ist's Dreck.

Für Jemand steht éèner, éès Einer, Eins; für Niemand dagegen wendet man allgemein die Form kä mensch kein Mensch, an: die vúrigt nåcht moßt éèner bä ons (onser) måd geschlåffe hå die vergangene Nacht mußte (hat wahrscheinlich) Jemand, Einer bei unserer Magd geschlafen (haben); eß wår vríne éès c der dúer es war vorhin Jemand an der Thür; heutiges då's dårf me kän mensche meå drau heutiges Tages darf man Niemand mehr trauen. Spricht man von einer Person, welche man wohl kennt, aber vorsichtigerweise nicht nennen will, so bedient man sich des Ausdrucks: dåßjênig oder auch déèr cn déèr, die cn die, dåß cn dåß.

h. Der Pronominal-Genitiv
ſen, ere, daſſen, déère.

Diese dem nhd. deſſen, deren, dem franz. en und dem ital. ne entſprechende Form (vergl. St. bei Fromm. IV., 220), für welche die henneberger Mundart eine besondere Vorliebe hat, kommt bald getrennt, bald verbunden vor; ſen wird im Sing. sowohl beim masc., als auch beim neutr. angewendet; ere braucht man dagegen beim fem. und bei allen Geschlechtern des Plurals: ich hå en racht gúte branntewei, wiste ſen å devå? ich habe einen recht guten

Branntwein, willſt du auch davon? wiſte â fláſch täff? já ich möcht ſen gern ǧeläff, benn ich gàlb hätt (Meiningen), willſt du auch Fleiſch kaufen? ja ich möchte welches kaufen, wenn ich Geld hätte; mádle, kôſt dû e ſoppe ǧekàch (me wèèß já bi ʒont die kenner verʒó wèrn)? já, ich kô ere ǧekàch Mädchen, kannſt du eine Suppe kochen (man weiß ja, wie jetzt die Kinder verzogen werden)? ja, ich kann welche kochen; git'ß heuer vil äpfel? já, eß git ere ǧenunk gibt's heuer viel Aepfel? ja es gibt deren (ihrer) genug; verkèfft ú ere devô? ná, mi brocheſe ſelber verkauft ihr welche? nein, wir brauchen ſie ſelbſt; bi vil (ſálbàte) eße bei euch? eß eßen ere ſechs bei ons, auch ſechs eßen ere bei ons.

Es gibt indeſſen (vergl. III. C. b. und II. C.) noch eine ähn=liche Form, welche nicht mit der vorſtehenden zu verwechſeln iſt, nämlich ßen oder ſen und er ere als Anlehnung an den Dativ es ihm, ihnen und von es ihr: du mußt 'ßen widdergâ du mußts ihm wiedergeben, mi wonnſen ſchu ſá wir wollens ihm ſchon ſagen; ú ſoltſere nét nàchbrà ihr ſollts ihr nicht nachtragen.

Die Formen daſſen, dèère anlangend, ſo iſt dieſelbe nach St. der Reſt des alten Genitivs des Pronomen demonstrativum. Mit daſſen wird der Genitiv Sing. masc. und neutr. bezeichnet, während dèère für den Genitiv Sing. fem. gilt: ich hà zwá ſorte von wèß; wißte nu von daſſen obber von ſèlle ich habe zwei Sorten von Weizen, willſt du von dieſem oder von jenem; von daſſen wei könne mî nét ǧedrènk, dan drènke nèer die gruße hèrrn von dieſem Wein können wir nicht trinken, den trinken nur die großen Herren; dèère mádle, die niſſ ǧebû möge, git'ß bei ons â ſolcher Mädchen, welche nichts thun mögen, gibts bei uns auch.

i. Das Pronomen „ſolches".

Dieſes, der henneberger Mundart fehlende Pronomen wird durch die Form: ſo e erſetzt: ſo e mô és me noch nét vúrkomme ein ſolcher Mann iſt mir noch nicht vorgekommen; ſo e hüſch frà homme noch nét ǧeſéhä eine ſo ſchöne Frau haben wir noch nicht geſehen; ſo en ſtàt, bi en den ſcholʒe ſä Greàtlîsle ver=

fúert, trefft me in ganze länd nét ŏ einen solchen Staat (Puß), wie ihn des Schulzen Tochter Margarethe Elisabeth führt, trifft man im ganzen Land nicht an; so e fléßig măd, bi mî èè honn, muß me súch eine so fleißige Magd, wie wir eine haben, muß man suchen.

D. Das Zeitwort.

a. Der Infinitiv.

Ueber die Bildung des Verbums ist oben unter II. b. 5 das Nöthige gesagt worden. Bei einigen Verben scheint der Infinitiv zu fehlen, so bei den Hülfszeitwörtern sein, werden, haben, bei müssen, mögen, können, sollen, stehen, deuchen. Wenn die Verben können und mögen mit andern Verben in Verbindung gebracht werden, die Hülfszeitwörter sein, werden, haben nicht ausgeschlossen, dann wird letzteren die Vorsylbe ge vorangestellt: ich tŏ ȝeeß, mi könne nét all réch ȝewèèr, ü mŏgt gèrn húsch ȝesei, hä tŏ racht ȝehă, dă mŏcht me gleich ŏs der haut ȝesŏer, băß ons in annere jŏer begănt, tŏme nét ȝewéß, die măble mŏchte ă gèrn of die hochzig gekomm.

Noch einige Zusammenstellungen mit dem Infinitiv, insbesondere mit den Verben müssen, dürfen, mögen, wollen, sollen, stehen, deuchen, sein, werden, haben: dăß hăt hä mŏß dû das hat er thun müssen; ich hă nét hî bărf ȝêhä ich habe nicht hingehen dürfen; sü mŏcht gŏer ze gèrn ȝeschä könn sie möchte gar zu gern sehen können; sü hăt me en schmüz wŏll gä sie hat mir einen Kuß geben wollen; dăß hăt nét sŏll sei das hat nicht sein sollen; eß mŏg ȝesei es mag sein; mei ûer ês stănne ȝeblîbe meine Uhr ist stehen geblieben; du hăst stănne mŏßt blei du hast stehen bleiben müssen; eß hăt mich ȝedöcht, sü hătte derhäm könne ȝeblei es hat mich gedeucht, sie hätten daheim bleiben können; „eß tŏ ȝerá, eß tŏ ȝeschnei, eß tŏ a widder hüsch ȝesei" es kann regnen, es kann schneien, es kann auch wieder hübsch werden; mä jăng hăt gèrn e pfèrr mŏgt ȝewèèr; aber mä frâ hăt'ß nét wŏll hâ mein Sohn wollte gern ein Pfarrer werden, aber meine Frau hat's nicht haben wollen; ich tŏ dămit ömgeȝêhă ich kann damit umgehen; mi honn lang mŏßt wèrt wir haben lange warten müssen.

Der Infinitiv mit der Präposition „zu".

Derselbe weicht von dem nhd. nicht ab: báß broch ich nét ze dun das brauche ich nicht zu thun; eß git vil ze eße, ze èrbete git'ß áber â ģenunt; mi broche fich nét vůr en ze fårte; hä hát niſſ ze ſchécte zu thun.

b. Das Participium.

1. Das Participium praesens

ist bei uns unüblich. Vielleicht können die Formen: gêhening gehend, ſtännening stehend, ſtänkening stinkend, für ein solches an= gesehen werden: hä éßt ſtännening; deß waſſer és ſtänkening. Ersteres ist freilich, so wie es hier angewendet wird, mehr ein Ad= verbium, letzteres seiner Wortstellung nach ein Adjectivum.

2. Das Participium praeteritum.

Auch dieses weicht in seiner Bildung und Anwendung nicht von dem Schriftdeutschen ab. Es wird dort wie hier dem Verbum die Vorsylbe ge (ģe) vorangesetzt; doch kommen auch häufige Fälle vor, in welchen dies unterbleibt. Eine Regel hierüber läßt sich nicht wohl auf= stellen, da das Verbleiben und der Abfall der Sylbe lediglich in dem Belieben des Sprechenden liegt. Selbstverständlich erhalten die schon mit einer Vorsylbe versehenen Verben dieses ge nicht: ģegange gange, ģegâbe gâbe, ģekomme komme, verlårn, ģekåcht, verfrårn: eß hát nét gůt beien gange, hä hát me'ß gâbe, die ſchúler ſénn heut ze ſpëät in die ſchûl komme.

c. Conjugation.

Die Conjugation ist wie die Declination sehr einfach. Von den im nhd. üblichen sechs Zeitformen werden in unserer Mundart ge= wöhnlich nur deren drei gebraucht: das Präsens, Präteritum (Imperfectum) und das Perfectum. Das Futurum wird nur wenig angewendet; das Plusquamperfectum und das Futurum exactum noch weniger, oder gar nicht. Beim Gebrauche des Futurums beliebt man, ähnlich dem Dativ bei der Declination, der Endung noch ein e hinzuzufügen: mi wèrn dich ſchu krigene,

du wèrſt'ß ſchu ſännene, ú wèrdt nét vil hábene. Doch
hört man dieſe Form wenig mehr; es ſcheint auch, als ſei ſie
mehr localer Natur, und da nur im gemüthlichen Tone. Bei der
Bildung des Präteritums werden die Kürzungen und die Kürzen zu
Dehnungen.

1. Die Conjugation der Hülfszeitwörter:
ſein, werden, haben.

Präſ.: bî biſt és, ſénn ſéd ſénn; Prät. Indic. wôer wârſt
wôer, wârn wârt wârn; Conj. wûer wûerſt wûer, würn
wûert würn; Part. ǧewâſt gewäſe (Mein.); — wèèr wèrſt
wèrt (wârt), wèrn wèrdt wèrn; Prät. Ind. wûer wûerſt
wûer, wurn wurdt wurn; Conj. wie bei ſein; Part. ǧe-
wârn; — hâ hâſt hât, honn hât honn; Prät. Ind. hatt
hattſt hatt, hatte hatt hatte; Conj. hätt hättſt hätt,
hätte hätt hätte; Part. ǧehât. In Waſung. bîen biſt is,
ſénn ſéᵈd ſénn; ich hûn, hâſt. Hier wird auch das Hülfszeit-
wort ſein, beſonders wenn man damit ſo viel als, nach etwas fragen,
ſich nach etwas erkundigen, verſteht, durch haben erſetzt. Man ſagt
dort z. B. ich, hä hât dôe ǧehât ich, er war da und hat darnach
gefragt, davon geſprochen.

2. Die Conjugation des Verbums.

Starke Conjugation.

Verben mit dem a (u) im Präſens und dem langen î
im Präteritum. behall behalten. Präſ. behall behälſt behält,
behalle behallt behalle; Prät. behîl (III. behûlt); Part.
behalle; — fall(en). Präſ. fall fällſt fällt, falle fallt
falle; Prät. fîl; Part. ǧefalle; — hall halten. Präſ. hall
hälſt hält halle hallt halle; Prät. hîl; Part. ǧehalle (III.
Waſung. Prät. hîel hîelſt hîel, hîele hîelt hîele); — laff
laufen. Präſ. laff läffſt läfft, laffe lafft laffe; Prät. lîf;
Part. ǧelaffe; — ruff rufen. Präſ. ruff rüffſt rüfft, ruffe
rufft ruffe; Prät. rîf; ·Part. ǧeruffe; — ſchläff ſchlafen.
Präſ. ſchläff ſchläffſt ſchläfft, ſchläffe ſchläfft ſchläffe;

Prät. ſchlîf; Part. geſchláffe; — blôes blaſen. blôes blä́ßt
blä́ßt, blôeſe blôeſt (blaßt) blôeſe; Prät. blîs; Part. ge=
blôeſe (geblaßt); — rôet rathen. Präſ. rôet rä́ttſt rä́tt,
rôete ratt rôete; Prät. rît; Part. gerôete.

Ohne Umlaut: blei(ben). Präſ. blei bleiſt bleit, bleibe
bleit bleibe; Prät. blîb; Part. geblîbe; — dreip treiben.
Präſ. dreip dreipſt dreipt, dreibe dreipt dreibe; Prät. drîp;
Part. gedrîbe; — ſteig(en). Präſ. ſteig ſteigſt ſteigt, ſteige
ſteigt ſteige; Prät. ſtîg; Part. geſtîge; — heß heißen. Präſ.
hèß hèßt hèßt, hèße hèßt hèße; Prät. hîß; Part. gehèße; —
meid(en). Präſ. meid meidtſt meidt, meide meid meide; Prät.
mîd; Part. gemîde; — ſchèèd ſcheiden. Präſ. ſchèèd ſchèdtſt
ſchèdt, ſchèède ſchèdt ſchèède; Prät. ſchîd; Part. geſchîde; —
ſchneid(en). ſchneid ſchnédtſt ſchnédt ſchnîd; geſchnîde.

Verben mit dem langen û im Präteritum und dem
Umlaut, bezüglich Ausweichung in dieſem und dem Präſens.
gû geben. gâ (gâp) giſt git, gâbe gât gâbe; gá (gáp) gáſt
gá (gáb), gá(p); gegâbe gâbe (gegebe Mein.); — gráb
graben. gráb grábſt grábt, grábe grábt grábe; grûb grúb;
gegrábe; — ſchlôe ſchlagen. ſchlôe ſchléäſt ſchléät, ſchlann
(ſchlôe) ſchlatt (ſchlôet) ſchlann (ſchlôe); ſchlûg ſchlúg; ge=
ſchló (geſchlágé Mein.); — drá tragen. drá dráſt drát,
dráe drát dráe; drûg drúg; gedró (gedráge Mein.); —
back(en). back bä́ckſt bä́ckt, backe backt backe; bûk búk; ge=
backe; — láb laben. láb lábtſt lábt, lábe lábt lábe; lîb
(lúb), lúb; gelábe; — broët braten. brôet brä́ttſt brä́tt,
brôete bratt brôete; brût brút, gebrôete; — fôer fahren.
fôer fä́erſt fä́ert, fèrn fôert fèrn; fûer fúer; gefèrn; —
verlîer(en). verlîer verlîerſt verlîert, verlèrn verlîert
verlèrn (verlîere); verlûer verlúer; verlárn; — derfrîer
frieren. frîer (eß freuſt mich, veraltet); frúer, frúer, derfrárn.

Ohne Umlaut im Präſens. ſchwèä́r ſchwören. ſchwèä́r
ſchwèä́rſt ſchwèä́rt, ſchwèrn ſchwèä́rt ſchwèrn, ſchwûer
ſchwúer; geſchwárn; — húer húerſt húert, hárn húert
hárn; húert (húert, in Obernaßfeld ziemlich veraltet); ge=
húert (gehúert); — wèß wachſen. wèß wèßt wèßt, wèße
(waße) wèßt (waßt) wèße (waße); wûß wúß; gewèße ge=

wàße; — wàsch waschen. wàsch wåscht wåscht, wåsche wåscht wåsche; wûsch wûsch; gewåsche; — dresch(en). dresch dréscht dréscht, dresche dréscht dresche; drûsch drûsch; gedresche (Wasung. III., dråsch; gedråsche).

Verben mit dem langen ê im Präteritum und ohne Umlaut im Präs. pföff pfeifen. pföff pföffst pföfft, pföffe pföfft pföffe; pfêf; gepféffe; — gröff greifen. gröff gröffe; grêf; gegréffe; — schléff schleifen. schléff schléffe; schlêf; geschléffe; — gléch gleichen. gléch gléche; glêch; gegléche; — schléch schleichen. schléch schléche; schlêch; geschléche; — strêch streichen. strêch stréche; strêch; gestréche; — bêß beißen. bêß béße; bêß; gebéße; — gléß gleißen, glänzen. gléß gléße; gléß; gegléße; — schéß scheißen. schéß schéße; schêß; geschéße; — schméß schmeißen. schméß; schmêß; geschmêße; — krésch kreischen. krésch, krésch; gekrésche.

Verben mit dem langen ô und Umlaut im Präteritum. hêp heben. hêp hêpst hêpt, hêbe hêpt hêbe; hôp hôp; gehôbe; — schîp schieben. schîp schîpst schîpt, schîbe schîpt schîbe; schôp schôp; geschôbe (geschó); — soff saufen. soff söfft söfft, soffe sofft soffe; sôf sôf; gesoffe; — môg(en). môg môgst; môgt môgt; gemôgt (gemôgt); — bîg(en). bîg; bôg bôg; gebôge (gebó); — wig wå wiegen. wîg (wå) wåst wåt, wîge (wåe); wôg wôg; gewôge; — flig(en). flîg; flôg flôg; geflô (geflôge); — zîh(en). zîh; zôg zôg; gezô (gezôge Mein.); — dôg taugen. dôg, dågt; dôgt (Conjunctiv nicht üblich); gedôgt gedôgt, gedågt; — rich riechen. rich riche; rôch rôch; geråche; — krich kriechen. krich kriche; trôch krôch; getråche; — flîß fließen. flîß flößt flößt, flîße flîßt flîße; flôß flôß; geflåße; — gîß gießen. gîß gößt gîße; gôß gôß; gegåße; — schîß schießen. schîß schößt, schîße; schôß schôß; geschåße; — bît(en). bît böttst bött, bîte bitt bîte; bôt bôt; gebôte; — (sîd(en). sîd södst södt, sîde; sott sött; gesôde); — verdrîß verdrießen. eß verdrößt mich (verdreußt hört man nicht mehr); verdrôß verdrôß; verdråße; dröpfel tropfen, fängt an zu regnen, regnet fein. dröpfelt, die dächer drîfe; sü drôfe, drôfe, eß håt gedröpfelt.

Verben mit dem langen å und Umlaut, bez. Ausweichung, im Präteritum. nennen. nenn; nânt nêänt; genânt; — rénn(en). rénn; rânt; geronn; — bekenn(en). bekenn; bekânt bekêänt; bekânt; — bénn binden. bénn bénne; bânt bêänt; gebonne; — brönn brennen. brönn brönne; brânt brêänt; gebrânt; — gewénn gewinnen. ge= wénn; gewânt gewêänt (gewönn); gewonn; — fénn finden. fénn fénne; fânt fêänt; gefonne; — fenn(en). fenn fenne; fânt fêänt; gekânt; — derzêl erzählen. derzêl; der= zâlt derzâlt; derzâlt.

Verben mit dem langen dunkeln â im Präteritum und Ausweichung im Präsens. nâm nehmen. nâm nimmst nimmt, nâme nâmmt nâme; nâm nâm; genumme (numme); — gâ geben. gâ (gâb) gist gitt, gâbe gatt gâbe; gâb gâb; gâbe (gegâbe); — stâl stehlen. (nur im Participium üblich: ge= stolln); — bât bitten. bât (bitt); bât bât; gebâte; — drât treten. drât dréttst drétt, drâte dratt drâte; drât drât; gebrâte; — dun thuen. dû dust dut, dun dut dun; dât dât (dôet); gedôe (gedûe III. und L); — lîg(en). lîg lést lét, lén lét lén; lâg lâg; gelê (gelege Mein.); — dreff(en). dreff dréffst dréfft; drâf drâf; gedrâffe — sprech(en). sprech spréchst spreche; sprâch sprâch; gesprâche; — stech(en). stech stéchst stécht; stâch stâch; gestâche; — sêhä sehen. sêhä sist sit, sân sât sän; sâg sâg; (sût sût IV.), gesêhä (gesîhe); — geschehen. geschit (geschicht); geschâg (geschûg) geschâg (geschûg); geschêhä (geschän Mein.); — eßen. eß éßt éßt; âß âß; geße gegeße; — sétz sitzen. sétz; sâß sâß; geseße; — komm(en). komm kömmst komme; kâm kâm (kêäm); gekomme komme.

Verben mit dem kurzen o und Umlaut im Präteri= tum. gewénn gewinnen. gewénn gewénnst gewénne, gewonn gewönn (gewêänt); gewonn; — gerénn gerinnen. gerénnt geronn gerönn; — spénn spinnen. spénn sponn spönn (spêänt); gesponn; — gelten. géll gélst gélt; goll göll; gegolle; — schwellen. schwéll schwéllst schwéllt; schwoll schwöll; geschwâlle; — föll füllen. föll; follt; gefollt; — wollen. will wist will, wonn wollt wonn; woll wöll; gewollt (gewöllt); so auch soll(en). — helef helfen. helef héléfſt héléft; holef hölef; geholfe; — móg(en). móg mógſt; mocht(mógt) möcht(mógt); gemocht (gemógt gemögt); — böd bücken. böd, bockt böckt, gebockt gebödt; — röd rücken. röd, rockt röckt, gerockt gerödt; — böd blicken. böd bockt bödt; gebödt; — brüd brücken. bröd, brockt bröckt, gebrockt gebrödt; — löcht leuchten. löcht locht löcht (wenig üblich) ge= löcht; — beuchen. eß bödt mich; es bocht mich; gebödt; — müſſen. muß, möſſe, moßt mößt, gemoßt gemößt (III. Plur. Präſ. mötte mött mötte; Prät. mott motte, mött mötte); — wēß wiſſen. wèèß (aber wäß Gott, Interject.) wèſſe, woßt wößt, gewoßt gewößt; — ſîd(en). ſîd ſötſt ſöt, ſîde ſibt ſîde; ſott ſött; geſöde.

Verben mit dem kurzen dunkeln å im Präteritum. néd nicken. néd nåckt nåckt genåckt; — bled blöken, arg ſchreien. bled blåckt blåckſt gebladt, gebleckt; — led(en). led lådt lådt gelådt geleckt; — pflöd pflücken. pflåd pflådt pflådt; gepflådt; — wed(en). wed wådt wådt, ge= wådt; — ſchåpf ſchöpfen. ſchåpf ſchåpft ſchåpft geſchåpft; — ebenſo auch ſchmecken und ſteden; —hetz(en). hetz, håtzt, gehåtzt; — ſetz(en). ſetz, ſåtzt, geſåtzt; — bréng bringen. bréng; bråcht, bråcht, gebråcht; — kléng klingen. kléng klång; gekläng; — fëng ſingen. fëng, ſång, geſånge; — ſchléng ſchlingen. ſchléng, ſchlång, geſchlånge. So gehen auch ſpréng ſpringen, zwëng zwingen, rëng ringen, ſtënk ſtinken, drënk drinken, wënk winken; — ſtèrp ſtårpſt ſtårpt, ſtèrbe ſtèrpt ſtèrbe; ſtårp (ſtûrp), ſtårp (ſtürp); geſtårbe; — verbèrp verberben. verbèrp verbårpſt verbårpt; verbårp (verburp), verbårp (verbürp); verbårbe. Ebenſo ſtårz ſtürzen; (III. Waſung. hat: ſtèrr ſtårrſt ſtårrt, ſtèrre ſtèrrt ſtèrre; ſturr ſtürr).

Einige abweichende Formen. mål mahlen. mål mëlſt, måle mûl, gemåln (gemåle); — tèff laufen. tèff tîf; ge= tafft (Mein. gekäfft); — jå jagen. jå jåſt jåt, jåe; jûg jûg; ge= jåt; — klå klagen. klå klåe; klûg klûg; geklåt; — krîg(en). krîg; krôg (Mein.); gekrîgt krîgt; — ſå ſagen. ſå; ſåt (Mein. ſûg); geſåt (geſågt); — heul(en) weinen. heul; hault, gehault (geheult); — meſſ(en). meß mûß mûß: gemeſſe; — ſäen.

Das Zeitwort.

skäp skäbe; sôet sôet; gesôet; — mähen. mêhäp mêhäbe; môhet môhet; gemôhet; — wêhä wehen. wêhät, wôhet; gewôhet; — drêhäp drehen. drêhä drêhäst drêhät, drêhäbe; drôhet drôhet, gedrôhet; — beschêär bescheren. beschêär beschôert, beschôert; beschôert; — lêär lehren. lêär; lôert, lôert; gelôert; — lêär lehren. lêär; lôert lôert; gelôert; — häng(en). häng; hing (hung), gehange; — gêhä gehen. gêhä gäst gät, gän; ging (gung III.), gegange; — stêhä stehen. stêhä stäst stät; stän, stinn (stunn III.); gestanne; — verstän verstehen. verstêhä verstäst; verstunn; verstanne; — schänk schenken. schänk schankt; geschankt (geschenkt); — ôfang anfangen. ich fang ô; ich fung ô, füng; ôgefange.
Die schwachen Verben. mach(en). mach mächt mächt; gemächt; — schlächt. schlächt, schlächt; geschlächt; — bât beten. bât battst batt bâte, batt, gebatt; — bâd baden. bâd bâdtst bâdt, bâde bâdt bâde; bâdt; gebâdt; — schâd(en). schâde schâdtst schâdt, schâde schâdt schâde; schâdt; geschâdt; — wèrt warten. wèrt wèrtst wèrt, wèrte wèrt't wèrte; wèrt't, gewèrt't; — kèrt karten. kèrt kèrtst kèrt't, kèrte kèr't kèrte; kèrtt; gekèrt't; — blût(en). blût blut'tst blutt, blûte blut't blûte; blut't; geblut't; — lût löthen. lût lüt'tst lüt't, lûte lüt't lûte; lüt't; gelüt't; — bût(en). bût büt'tst büt't, bûte büt't bûte; bott (bött); gebott (gedött); — vermît(en). vermîd vermit'tst vermit't, vermîde vermit't vermîde; vermit't, vermit't; — żêt żetteln, verżetteln, auseinanderwerfen (die Mahd). żêt żét'tst żétt, żête żét't żête; żet't; geżét't; — glêè glauben. glêè (III. glaï) glêèst glêèt, glêèbe glêèt glêèbe; glêèä; glêèt geglêèt; — lâ legen. lâ läst lât, lâe lât lâe; lât; gelât; — râ regnen. eß rânt; rânt; gerânt; — râ regen. râ (mich) räst rât, râe rât râe; rât; gerât; — soll(en). soll sost soll, sonn sollt sonn; soll söll; gesollt.

IV. Ueber den Gebrauch einiger Redetheile.

a. Das Adjectivum.

Unter den Adjectiven spielt aller alter, all alte, altes eine große Rolle in der henneberger Mundart. Wie lieblich, einschmeichelnd und gemüthlich klingen nicht die Ausdrücke: „mä Aller", „mä All" mein Mann, meine Frau, anstatt deren nicht selten auch „meiner" „mei" steht. Niemals darf aber diese Beifügung bei dem Gebrauche der Scheltnamen fehlen. Demnach ists noch nicht genug, zu sagen: du nèrr, du gecf, du êsel, du schnêägâns, sondern es muß heißen: du aller nèrr, du aller gecf, du aller êsel, du all schnêägâns. Aber dieses Beiwort steht nicht bloß bei den Schelt= namen, sondern auch bei den derben Höflichkeiten, an welchen unsere Mundart sehr reich ist, wie die Ausdrücke: „däß gät dich en all hondsfätze, en all dersloch ô."

b. Das Verbum und Adverbium.

Im Fragesatz werden die mit den Verben gehen und kommen wollen, kriegen verbundenen Richtungswörter her und hin wieder von diesen getrennt, wie es auch im Schriftdeutschen hier und da vor= kommt: bu gäste hî; bû kömmste hèèr; bu wollte hî, bu krîgste däß vil gálb hèèr.

Als eine Verschärfung, ungefähr dem sehr entsprechend, gilt das Adverbium ömmer immer in Verbindung mit der Partikel zu: ich dánk ömmer zû, du wèrste die hörner schu noch áláffe ich glaube sehr (gewiß), du wirst dir die Hörner noch ablaufen. Für eine solche Verstärkung kann auch die Form ôbe of oben auf an= gesehen werden, unter welcher man so viel als genau, eben versteht: ons jáng és ôbe of pfêngste gebärn (of die welt komme); deß búrigst jôer homme ôbe of gehanni ä je mêhäbe ge= fange genau an demselben Tag.

c. Die Präpositionen:

mit, zu, bei, von, nach, welche im nhd. den Dativ regieren, nehmen in der Mundart stets den Accusativ zu sich: ich bi gût mit dĭch; komm heut zu mĭch; ich gêhā bä bîch; du krîgst nĭff vo mîch; fū honn nåch bîch gefrågt.

Für am, an dem und zu, zum ſetzt man durchgehends båß und of auf; båß heißt ſo viel als am nächſten, zukünftigen, bevor=
ſtehenden: båß dunnerſtig gämme minand of den Mèèninger mèrt; båß ſonndig womme zum åbedmåel gêhā am nächſten Donnerſtag gehen wir zuſammen zum Meininger Markt; am nächſten Sonntag wollen wir zum Abendmahl gehen.

d. Die Flickwörter.

An dieſen Formen iſt die henneberger Mundart gerade nicht arm. Viele derſelben kommen auch im gewöhnlichen Schriftdeutſchen vor. Es ſind: bâer paar, bâe da, emâel mal, einmal, frei, gâer gar, halt halter haltig, jå jå jû ja, nu no nein, on und, ſo, onde onſe und da, und ſo. Beiſpiele hierzu ſind: gimme å e bâer pflåmme gib mir auch einige Pflaumen; då gêhā emâel hèèr, jång! geh mal her, Junge! du biſt gût nåchen dût ſchécke; du bleiſt frei hüſch lang aus du biſt gut nach dem Tod ſchicken; du bleibſt hübſch lange aus; eß dömmich frei, du würſt nĭff ausrichte; me macht'ß halt â bi die annere man machts auch wie die Andern; måble, du biſt jå går hüſch âğezô Mädchen, du biſt ja gar ſchön gekleidet. Der Gebrauch von den Conjunctionen und und ſo iſt hinlänglich bekannt; weniger wohl der von ondeonſe, welche man nur noch von alten Weibern hört, wenn es, indem ſie erzählen, mit der Rede nicht recht vom Fleck gehen will, oder wenn ſie Zeit zum Athemholen brauchen. Beim Gebrauch der Conjunction dazu bedient man ſich gern noch derjenigen von bâe da: båß ſpréchſte bâe dezu? bâe dezu es nét vil ze ſpreche. Wenn man etwas ganz beſonders betonen will, dann wendet man die Form: hèßt båß heißt das, das heißt, an. Das alte Wort als hört man nur noch in der Zuſammenſetzung mit fort: alsfort immerfort, in einem weg, ohne Unterbrechung.

Ganz eigenthümlich, und wohl nur meiner engern Heimath an=
gehörend, iſt die Art und Weiſe, wie man ſich ausdrückt, wenn von der Lage und Richtung einer Ortſchaft, von einem gewiſſen Punkt aus die Rede iſt, wobei die Präpoſition nåch nach, mit den Ad=
verbien der Richtung: nå hinunter, nû hinüber, nei hinein, nauf

hinauf, naus hinaus, hént hinter in Verbindung gebracht wird; bei nauf steht noch of auf. Im Allgemeinen wählt man nauf für Osten, Nordost und Südost; nå für Westen, Süd- und Südwest; nů und naus bei Süden; bei größeren Entfernungen, ohne Rücksicht auf die Himmelsgegend, nimmt man gewöhnlich nei; bei Ortschaften, welche eine hohe Lage haben, nauf of. Für hént besteht keine bestimmte Himmelsgegend, doch scheint es, als ob man diesen Ausdruck bei Gegenden, die nach Osten und Norden hin liegen, vermeide.

Beispiele hierzu sind: ich will nå nåch Sålzinge, Wåesinge, Brèèdinge, nå nåch Frankfert; mi wonn nú nåch Rétschehause, ů gåt nei nåch Erfert, nåch Münche, nåch Gôte, nåch Bèrlî; aber doch auch nei nåch Mèèninge, welches doch in gleicher Richtung mit Wasungen liegt, du wist nauf nåch Růmelt, nåch Růer, Hélperhause, Sûl, Bamberg; hä gåt nauf of die Gå (Dorf Geba), nauf of den Bräubèèrk (Hof und Rittergut), beide Orte liegen auf dem Berge; ů wollt naus nåch Biber, nåch Nůerde (in gleicher Richtung mit Ritschenhausen), mi mösse hént nåch Hennebèèrk, nåch Hèrpf; aber nå nåch Mellerstådt. (Vergl. die beigegebene Karte.)

V. Wortformen aus fremden Sprachen.

Die Mehrzahl dieser Fremdlinge, welche sich in unsere Mundart eingeschlichen haben, ist überwiegend französischen Ursprungs; die kleinere Zahl ist dem Lateinischen entlehnt. In welcher Zeit dies geschehen sein mag, kann ich nicht sagen; ich möchte aber vermuthen, daß die französisch-deutschen Kriege zu Ende des vorigen und zu Anfang des jetzigen Jahrhunderts die nächste Veranlassung dazu gaben, vielleicht hatte auch der siebenjährige Krieg, sowie die Vorliebe Friedrichs des Großen für das Französische, ihren Antheil daran. So viel ist gewiß, daß unsere Henneberger, mehr als ihnen lieb war, mit den Söhnen der „großen Nation" in Berührung kamen, woraus sich das Vorkommen dieser fremden Ausdrücke, die dem henneberger Schnabel natürlich angepaßt worden sind, leicht erklären ließe.

1. **Substantiven:** bâbelln f. Bouteille, hieraus die Verschleifung (Corruption?), Brofit (f. unt.) bulle f. Schnapsglas; Bläsîr n. Vergnügen aus dem Franz. plaisir; bîk m. hä hät en bîk offen, ist nicht gut auf ihn zu sprechen, aus dem franz. piquer; bottschâmber m. Nachttopf, franz. pot-de-chambre; bart m. Theil, Antheil, aus dem franz. part; wîderbart m. Gegentheil, Zusammensetzung aus wieder und part; bisbût m. Streit, Zank, fr. dispute; fârsche f. Stärke, Kraft, franz. force; hârr f. Furcht, Angst: hä jât en in die h., franz. horreur; kanallie f. sehr schlimmes Scheltwort, das aber auch scherzweise gebraucht wird, franz. canaille; kârâsche f. Muth, franz. courage; kuijon m. arges Scheltwort, auch im Scherz, franz. coïon; jucks m. Spaß, Scherz, latein. jocus; mâläste pl., Beschwerden, Uebel, lat. molestiae; mallôr n. Unglück, Unfall, franz. malheur; mulding eigentlich ohne Art., Menge: eß gitere (z. B. Aepfel) die mulding, franz. multitude; spâzem m. Raum, Zwischenraum, lat. spatium; stellôersche f. Lage, Stellung, Anstellung, Gebahren: du machst e hüsch stellôersche derzu du stellst dich dabei (bei einer Arbeit oder Verrichtung) närrisch, eigen, sonderbar an. Wohl französisch-deutsches Wort, gleichsam stellasche Stellasche = Stellung, plantage = Pflanzung., Blumenstellage.

2. **Adjectiven:** âbselût absolut, durchaus, franz. absolu; bropper reinlich, sauber, kostbar, stolz, aus dem franz. propre; desperât ärgerlich, verzweifelt, lat. desperatus; imbèrtinent anmaßend, unbescheiden, grob, franz. impertinent; kombâbel im Stande (etwas zu vollbringen), vermögend, verderbt aus dem franz. coupable; kebut kabut (kabôres Judendeutsch), zu Grunde, dahin, verloren, lat. caput, nämlich mortium = unbrauchbarer Rest; kuriôs närrisch, sonderbar, franz. curieux; méchant häßlich, abscheulich, widerwärtig, franz. méchant, rôerebkäts recht schön, prächtig, herrlich, franz. rarité, scharmant prächtig, bezaubernd, franz. charmant.

3. **Verben:** blessîr verwunden, verletzen, franz. blesser; dârbîr drängen, plagen, ängstigen, lat. turbare; défendîr vertheidigen, rechtfertigen, lat. defendere; drawall famil. marsch! gehe! packe dich! mißverstanden aus dem franz. travailler; draktîr behandeln, Essen auftragen, zu essen geben, lat. tractare;

eſtemîr achten, ehren, lat. aestimare; flattîr ſchmeicheln, ſchönthun, franz. flatter; fârſchîr mit Nachdruck eine Sache betreiben, franz. forcer; impfedîr einladen, fr. inviter; laſchelîr ſchmeicheln, franz. cajoler; kujonîr ärgern, plagen, ſchinden, drängen, franz. coronner; lâdîr beſchädigen, lat. laedere; méneſchîr ſparen, ſich einrichten, einſchränken, franz. ménager; oppenîr auflehnen, gegen etwas (eine Sache) ſein, franz. opponer; réſenîr zanken, ſtreiten, verläumben, franz. raisonner; ſpendir zuſtecken, ſam. ſchmieren, franzöſiſches ſpenden; ſtrapplezîr angreifen, abnutzen, verderben (von der Kleidung), franz. strapasser, vexîr äffen, zum Beſten haben, anführen, lat. Rexare.

4. Adverbien und andere Redetheile: åderdd gerade, genau ſo, lat. accurate; barbû durchaus, darauf beſtehend, fr. partout; bèrfeckt ganz gut, vollkommen, lat. perfecte; bûre lauter, nichts als, fr. pur, pure, kontrèèr im Gegentheil, fr. au contraire; botâl ganz, gänzlich, lat. totalis; exbrâ (exbere Grabfeld), beſonders, außerdem, lat. extra; abèrte beſonders: hä will ömmer eppes abèrtenes hâ etwas Beſonderes, franz. à part; buttmämm einerlei, gleichviel, franz. tout-même; bêter bropter ungefähr, beiläufig, etwa, verderbt aus dem lat. praeter propter.

VI. Einige Wörter, welche in der Mundart, oder in ein und der anderen Gruppe fehlen.

1. Subſtantiven. Für Bach m. ſteht e waſſer ein Waſſer; für Bäcker m. zum Bäcker gehen, ins bâckhaus gěhä; für Bettler ſagt man lieber bâtelmô; ſtatt Blut wählt man ze= blût n.; ſtatt Gevatter m. zevâtermô; man nimmt keinen Ge= winn von einer Sache, ſondern brofit Profit m.; es hat nicht der Hahn, ſondern der gôker (m.) geſchreit (gekräht); mi ſpreche mä jâng m., mä mâdle on nét (oder nur ſelten) mä ſû Sohn, mä Dochter; für Mund ſteht allgemein maul n., für Mütze Kappe (in Metzels, Wellershauſen II., auch haube f., in Oberlatz III.

bätze); für Michaelis hat man méchelsbål m., und für Pathe döt böte; anstatt Gläubiger gebraucht man scholleut pl. Schuldleute; und stîge statt Treppe; auch speist man bei uns nicht, man ißt ëßt; für Schritte steht drappe pl. Tritte. Das Wort gaul, welches in I. mehrentheils nur im Sing. üblich ist, kommt in Wasungen (III.) nicht vor, man nimmt pfèèr im Sing., wie im Plural. Während gèèß, pl. gëß f. in den meisten Ortschaften geläufig ist, wird in Metzels und Rohra (II.) zîge dafür genommen. In Ostheim (II.) ist séchel Sichel unbekannt, für dieses Wort hat man schneidstampf m., ähnlich dem gråsståmf m. (kleine Sichel zum Grasen) in Obermaßfeld. Für Großvater, Großmutter hat man in I. und II. in der Regel hèrle hèrrle, frèèle fråle fralle; in den westlichen Theilen von III., besonders an der Felda, steht dafür ellervåter, ellermutter auch eller.

2. Verben. Man sagt nicht: ich bi aufgestanne, sondern ich bi aufgestîge; man heizt nicht ein, sondern me macht feuer ô; für lehren steht allgemein lërn lernen: ich hå må stîr gelërnt; für pflücken sagt man råbû herabthun: mî dun ons äpfel rå; man stiehlt bei uns nicht, wohl aber maust man; in Mellers (II.) schieben sie keine Kegel, sondern sie schiffe se schießen sie; auch das Verbum schwängern wird nicht oft gehört, lieber sagt man anstatt dessen: en déke bauch mach einen dicken Bauch machen: ons knacht håt dan sänner måd en déke bauch gemåcht. Das specifisch hennebergische Wort hütes, hüts (Kloß) reicht östlich bis zu den Gleichbergen, westlich bis zur oberen Streu; dort heißt's klöß pl. klöß(e), hier klûß.

3. Adjectiven und Adverbien. Das Adjectivum schier ist nicht überall üblich. Man hört es in ganz Grabfeld, an der Werra von Henfstädt an aufwärts bis Siegritz, so auch an der Schleuse (Ehrenberg) und am Weißbach (Lengfeld); anderwärts wird es nicht vernommen. In Stockheim (II.—III.) steht haste und daste für hüben und drüben. Was das alte Wort als betrifft, so ist dasselbe nur noch in dem Compositum: alsfort lebendig; aber auch dieses scheint im Aussterben begriffen zu sein.

Anhang.

Sprachproben.

Obermaßfelder Mundart (1).

Der Schneider und die Here.

(Nach dem nhd. Dr. Hegewald's.)

Emôel wår e èrtner schneider én en důerf nét weit vo Oeber=
fèßfeld, e gôer e gottesfårchtiger mõ bi'ßere zout nimme vil meä git,
dèr èrbet vilmôel â bä annere leute én haus. Wie nu emôel so
dôesétzt on braufluß flêcht, ze fèrn sä âge hî of den brâterverschlåt,
bu die kommer wôer, då sîte halt, dåß die frå e salbe õs en klänne
näpfle but, bumit se deß butterfåß beström, dernâchet grêf se mit ärn
dårre fèngern nei on dôet so e pfonnerer sîbe bis ächt der schünst
butter raus on ging bemit önig.¹) In dan butterfåß wår åber (dåß
konnt me deutlich zeschä) kå krîmele²) râm.

Wi nu die frå zun dènk naus wôer, ze wår me mä schneider
doch neugîrig on woll doch dåß hüsch rêzept â emôel brobîr. Hå
hatt'ß åber noch nét racht in hännene, ze ging die stûbedúer auf, on
bèèr wår'ß, dèr reikåm? Kä anner mensch, es der deufel. Der dråt
zuen on språch: „bu håst mä méttel zebrocht, dåfůr biste mei!"
Demit rècht en der deufel e gruß bůch hî on e sâder, då söll e sich
önnerschreip. Dåß woll hä â dů; åber ons schneider wår pféffig bi
all die schneidersbåck³), on båcht: wèrt bårschle, ich will dich doch
öschmîr.⁴) Då nåme e racht spétzig nèlle on gickt sich e béßle in
fènger, on dockt die sâder nei in'ß blut on schrîp; åber ståtts sän
nôme schrîbe: „Jêsu Christi blût kommt mir und allen sündern zu
gût"; derhént måchte drei trötz †††. Dedrof konnten nu der deufel
niss ôzehå, on moßten ůgeschårn laß. Wie åber fort ging, lièße
en låsterliche zestånk hénner sich, dåß me gleich öm mocht zefall.

In dan gruße bůch, dåß der deufel bei sich hatt, stinne all die

---

1 fort. 2 nicht das geringste. 3 Schelln. für Schneider. 4 anführen, hintergehen.

hexe in ganze Mëëninger jericht, jewîft mëä bie bôer honnert, die
fénn vernâchet allminand of den „Hexebëërt"³) verbrânt wârn, on bie
fëll frû hât den ôfânk jemâcht.

5 Hexenberg, bei Untermaßfeld. Auf demselben wurden die Hexen verbrannt.

Meininger Mundart (I).

Der nächtliche Gottesdienst.

(Nach dem nhb. Dr. Hegewald's.)

Eß is nu fchu e wink lang hâr, dâ wônt e ârm nâtere¹) in
der ôber Kaplaneigaß, dâr wôer'ß emôel, es benn'ß ebe in die meß
läut (ù knößt wëß, dâß dôezuindel Mâninge noch kedôlifch wôer).
Dâ lât fe âr nêâgezeuk hî, zôg fich gefchwint ô on ging nei in die
kërche. Wife neibrât, on guckt fich e bëßle öm, de wonnert fe fich,
dâß die kërche heut emâl fo vôl wôer on dâß on drei altôere meß
wûer jelefe. Si knît nu â nîder bi die annere leut on mâcht ûr
krüz vûr'ß jeficht, bat't on liß fich in ârner ôdâcht nit ftûer. Of
âmôel fing âs in der kërche ô (die ftémm wâr er bekennt) on fprâch:
„Ei du meine güte! Sî û dâ, frâ nâchbere?" Dâ fûr bi nâtere in
die hüh on — bânk fich e menfch dan fchrecke; dann bife hîfâh, je
wâr'ß die all Gike-Hanne²), die fchu lang jeftârbe wôer. „Machfe
nâr", fûg fe noch, „dâße fort kömmt, gleich wërd der fpeckdâgel lôs=
gân!" Jetzt erft wûer fe én, dâße métte önner leute fâß, die fchu
längft önner der ârde lâge. Dâ fchlûg fe âr bûche jefchwind zu on eilt
zur dûr naus. Wife draufe wâr, fchlûg die glâcke ebe Aes; die lichter
in der kërche ginge aus, on zegleich hüert me en jewaltige lârme, dâr
von der kërche kam. Halbbût kûm fe in ârn ftüble ô, on eß dauert
â gâr nit lang, je wûerfe â naus jebrâge. Wâr wârn dann nu die
leut in der kërche? Wenn ir'ß woüt wëß, eß wârn lauter bâre, die
in ârn lâbe fchlachte dënge jedrîbe hatte on nu zur ftrâff öm
moßte gêhâ.

1 Näherin. 2 Johanne Glack (fingierter Name).

Themaer Mundart (I).

(Von Fuhrmeister.)

1. Sonderbôer.

'ß is doch merkwůrbig, mánt der Jårgmärt, ich gêhä doch nu jeden sonnbig zwámôel in die kěrch on beß jôer dreimôel zum åbeb= môel, on mei náchber Hansåbem gät beß ganz jôer én ká kěrch, ge= schweig vångst zum åbebmôel — on der hát doch die größt rûbe én ganze bûerf gebaut — on ich en bátel.

2. En exáme.

Schulmåster: Nûe, il jonge, nu såt mer emôel, bôeß hôb ich bôe én mei hánt?
Alle Kénner: en apfel, herr schulmåster!
Schulmåster: Richtig, on zwôer en ganze apfel. (Schneid't den apfel en zwá hälft, hêpt die hánt auf on frágt):
    Bôeß is bôeß nûe?
Alle Kénner: Ae halber apfel.
Schulmåster: Richtig! á halber apfel.
(Schneid't die hälft én zwá vertel, hêpt á vertel auf on frágt weiter):
    Nu såt emôel, bôeß bôeß is?
Deß Märtle: Ae schníz, herr schulmåster, á schníz!

Lengfelder Mundart (I).

Die verschwundene Burg.

(Nach dem nhd. L. Bechsteins.)

Benn mer vo Têmer den wîsagrond nauf nåch Lengfeld gét, so sit mer an langa zimlich hôcha bårk hénner den bûerf, dår és dorch an sottel én zwô hälst gedêlt on mit sichte bewasse. Dar bårk werd die burk genánt on eß söll of danselba für alta zeita a burk gestanna hô. Die hatt ôber, waß se gôer ze hôch lôg, kän brönn, beswega moft deß nüatiga waffer of êafel von Lengfeller brönn nauf gefchafft wâr. Emôel wûr nu â a lôebing waffer mit êafeln of die burk nauf gebrocht, on dar dreiber ging hinahâr. Wal er fich ûgefâr én der métt von den wâk befând, dôet of âmôal êuer vo dan êafeln an lauta graßliche fchrá, of dan gôb ôber der dreiber nit ocht. Ueber a weil liß der êafel widder fo en fchrei hûer, on fpâter noch énn. Dôa fil'ß dan dreiber doch auf, wal der êafel bei den letzta fchrei â ftän blî. Nûa wûr der êafel mit fchlâän ôgedrîbe; ôber eß hotta grûaße mka ün fortzebringa, dann ha fchlûg mit fänna flüß nauß on blî droß dan hîbena ftänna. Endlich toam der êafelsdreiber mit feiner lôading doch nauf of die hôha. Wîe verftaunter ôber, bîe vo der grußa fchúna burk té fpüer mêa ze fän wôr. Si môr vo der ârda verfchwonda, on eß lôge nâr noch änzella ftâblöck of dan bôda ömhâr. Dar êafel müdt wôl den önnergâng vo der burk gêônt hô.

Römhilder Mundart (I).
Der kleine Gleichberg.
(Nach dem nhd. L. Bechfteins.)

Der kla Gleichberg (mir faga „die Stánsbárg") hot fein nôma von drei mächtiga ringmauer vo bafaltftáner, die ôba beim gipfel ömmer größer wern. Devo gät die fág, dáß vûr alters of dan berg a bárg geftanna hát, die wár áber baufällig. Der ágebúmer wár a alter grämlicher ritter, der áber a fchó mábla gehát hát, die háta¹) mit ere alta amma gehütt.

Áber die lîp fêndt drn wág überáll hî on hát en a én dan bárgfräulein ür herz gefonna. Sü hát en junga ritter gern gefäun, mit dan ifa²) ömmer zomma komma draußa vûr die ringmauer, wenn úr vátter of der jágd wár. So is komma, dáß fich der jong ritter a herz hát gefaßt, on hát beim alta öm die dochter ôgehalta; áber er is mit fpott on hôn âgewifa wárn. Der alt wollt hâ, fei dochter follt gár nét frei. Dáß hát nu dan junge ritter gewaltig geärgert,

---

1 hat er. 2 ift fie.

on er hät ban alta gebrāst, er wollten amāl überfall, on is voller
ärger fortganga. Nū is ban alle bärgherrn doch angst wārn, er
woaßt'ß gūt genunk, däß bie alt borg kan stārm ausgehalt konnt.
Boß hatt er je bun? er hot ben beufel je hölf geruffe, on hät en
sa bochter versprocha, wenn er a mauer herstellt öm seiner bärg, bie
ka mensch übersteig könnt, eh ber gåker frü en annern morge schreit.
Der bås gät brauf ei. Nu gät'ß lås ö'ß baue; so un so vil
binstbåere geister helfe berzu on schleppe stäner bei, on vo minūte zu
minūte is ber wall gewächse. Die amma hatt åber ben bont mit
ben beufel belauscht on schleicht je nåcht gege mårge mit ber lampe
vårn hünnerstål. Wie ber gåker 'ß licht sit, benkt er, 'ß is båg on
schreit halt büchtig. Dä stårzt bås beufelsgebäu mitsammt ber alt
bårg en honnertbausenb stöcke; heut sit mer se noch bålig.
    Der beufel åber, ber noch ben letzte große stå hischlepp wollt,
håten vūr schreck laß fall, befūr håte nu ben alla ritter sei sål mit-
genumme. Nu hät ban lībesböer nicks mêr en wåg gestanna, un si
konnte sich genåm.
    Noch heut (såga bie leut) så me bie breppe von alta schloß on
en ban berg låg a großer schatz, ber åber når mit era weißa
blomma gehoba könnt gewår, on öm métternåcht wanbelt a jompfer
öba röm.

Bibraer Munbart (I).
Von ber Glocke in Bibra.
(Nach bem Munbartlichen L. Bechsteins.)

Über Oueiafålb båba és a bårk, bå soll süst an alle kērche ge-
stanna hå, vo bår me noch zont e wénk mauerwark kå geseha, on båß
és ber Oueiabårk. Dåböba hät nu åmål ber Oueiasäller säuhért
mit sa säu gehutt, on bie honn, bi'ß halt die säu macha, in ber
årba röm gegråba on gewūlt. Åber a alta wéller beår hät sich so
bīf eigescharrt gehåt, båßa zeletzt går e gruß o schūe glåcka rausgewūlt
hät. Bi nu bie glåcka zum vürschei küem, bå és geråb e frü bezu
komma, bie és nei in'ß büerf gespränga on hät larm gemåcht.

„U leut" såtſa, „der bêår håt dôba of den Oueiabårk går e gruß on går e ſchûe glåcka rausgewûlt!" Bi nu dåß in dûerf bekånt es wärn, honn'ß åch die Bibarſcher derfarn, on die bêda Zemê ſénn of dan bårk zomma komma on honn ſich minand röm o nöm Zeſtrîba; dann eß woll ſa e jêda garn hå. Wal nu dar ſtreit lang Zenunk Zewårt håt, ſe honnſe endlich ausZemåcht, ſi wélle die glåcka of en wó låd on en blénne gaul nåſpann, on bu ſe dår hîbråcht, die Zemê ſöll ſe hå. Dåß honnſe dann åch Zedûe, on der blénn gaul håt die glåcka nåch Bîbar Zeſchlåppt. Då håt ſich deß ganz dûerf drú Zefråt on håt die glåcka nauf in dårm Zehanga, bu ſa noch ömmer hängt. Sie löüt åber in går en ſchünna dô, dîf on feierlich, as bann ſa arſt ous der årde rausZekumma wåår, on bann ſa Zezó wård, lout'ß Zeråd, as bannſe ſpråch:

„Die wéll ſau båt mich rausZewûlt,
Der blénn gaul håt mich hårZehûlt."

Henneberger Mundart (I).

Die Bettelküche.

E klå hallvërtel ſtonn önner Harles lét die „Falzbich"[1]), dåß es e gruß wîſeſtôck, dåß on die Schwickershäuſer flûr ſtüßt on zu Mölfeld[2]) gehüert. Nét weit von Schwickershäuſer wåt, én der wålbing dén es e ronder råſeblaß vo ûgefår ſechs acker én quådråt mit ere delln, dan häßt me die „båtelköche". Zwåer es der blaß nimme es hüſch bi vûr ſechzt odder ſibzt jôer, åber eß es ömmer noch e ſchünner ûert, bumme ſich e bläſir kô Zemach.

En dèère båtelköche honn nu vûr e jôerer ſechzt båtelleut on räuberbande (me ſprécht, es wärn Zigeuner Zewåſt), bannſe dôe verbei= zôge, år Zeldg Zehåt. So derzåle noch die alle leut in Hennebèèrk. Ouswennig on rant honnſe feuer Zehåt, dåbei honnſe blåz on kuche Zebacke, on Zeſôde on Zebrôete; énnennig röm åber honnſe Zedanzt, dann ſü hatte år åge muſik bebei, dåß wår a kuchkeblåch, dådrof

---

1 Falzbach. 2 Mühlfeld.

moßt áner vo die kèrle brommel, áber när nét ze ftarl, dáß me'ß nét fo weit foll húer.

Der all Oberfärfter vo Hennebèrk hát me verzålt, dáße amòel fa revîr hát wåll burchreit, on då éfe zufällig bå die båtellåche komme, bu e zimlich ftark banbe bôe wôer, on hát hochzig gehalle, on då és halt mei Oberfårfter racht fröllnblich aufgenumme on gút bewèrt wårn. Dåbei håte bròete on luchche mößt eß, on hát laffé on wei mößt brènk, kárzöm, hå hát fich når gewonnert, dåß bôe fo hòch hèèr és gange.

Bîe nu widder fort hát gewollt, ze honnfen áber åch ågefåt, hå föll fich jå nét eilaßfall, dåß hå en åzág von der fache mácht, fúft bręånteſen beß haus úbern kòpf zomme. Dåß hätte fu nu gôer nét ze fåde gebroucht; beröm? me woßt jå, dåß die kèrle kån fpåß verftinne. Genunk, hå hát den brautleutene glöck gewünscht, hát der braut en harte tronebåler in die hánt gebröckt on és fånner wá gange.

Die fèll banbe hatt år áge ftraß, die ging úber die berg òbe von St. Bèrnert³) ò on nå bis Fult.⁴) Si hatte frå on kénner (eß wårn å húfche jånglich o måblich dront), pfèèr on gúte honn; áber å gúte flinte bei fich. Bufe nu ze nåcht konnte gemaus, ze bôete fe'ß, eß kåm en å gråd nét brauf ò on bôete'ß bei då, on bannfe ben ftál mit vî konnte geblönner, ze befånte fe fich å nét èrft lang. Bann nu manchmôel ås berzükåm, ban wûer beß maul zugeftåpft on wurnen hånn o füß gebonne.

³ St. Bernhard. ⁴ Fulda.

Rohraer Mundart (II).

Die Jungfer mit Einem Zopf.

(Nach dem nhd. L. Bechsteins.)

Eß wôer emôel a gråf vo Hennebårk (die gehaiße hát, warß ich nîet), dår és mit den deutsche kaiſer én den krîk én'ß gelôpt lánt gezô. Bi dáß nu én der welt fo gåt, genunk, der gråf hát fich én e dårkiſch prinzeffe verlibbt, die wôer fer húfch, áber å fer réch. Mit

bâre verſpråch hä ſich on woll ſe zur frå nåm. Bi nu der trît åus
wôes, då zôg der gråf widder häm in ſä lånt; ſä braut ging åber
nét mit, wäl ſe mit årn ſachene noch nét ſartig wåer; ſú ſoll ſpääter
nåchkomm, on di hochzig of den henneberger ſchlôß gehalle wåär.
Dåß håt nu åber e lang zeit gedauert, on wäl die prinzeſſe
gôer nét håt wåll komm, ze håt der gråf gedåcht, ſü hätt ün gånz o
gôer vergeße. Då håte ſich mit ere annere verſpråche. Bi åber die
hochzig gefeiert wûer, gråd of den nåmliche dåk kam â die braut ôůs
den morgelânt mit en gruße zůk leut on vil gålt ôgezô. Biſe nôe
on den hennebarger ſchlôß wåer, då hůert ſe én all den dårfern, bu ſe
durch kåm, die glåcke löůt on ſåh gebokte leut of den wåäne. Nu
wôer ſe doch neugîrig on frågt die leut, båß dann dåß löůte ſöll be=
döůt, on beröm ſe ſo hüſch ôgezô wern. „Beröm?“ ſåtte ſe, „ú
weßt'ß wôl niet, dåß heut onſern jånge harrn ſä hochzig is?“ „Båß
für en harrn?“ „Kä annerer, es der gråf vo Hennebårk.“
Bi dåß die prinzeſſe hůert, då wår'ß nét annerſt, es ging ere e
zwåſchneidig ſchwårt durch'ß harz, on eß hätt nét vil gefålt, ze wåär
ſe von gaul rågefalle. Då rîß ſe ſich vůr arger en zôpf raus. Sú
woll åber nét widder én år lânt, bann dåß wåär e zu gruß ſchann
fürſe gewåſt; ſú zôg nu den warrgroind nånf on ging én e kluiſter
on dåt ben armene vil gůtes. Bo dan, båß über blîp, lßße drei
ſtaïnerne bröcke über die Warr bau, én Ệhauiſe¹), én Ober=
moißfot²) on én Önnermoißfot³), die méttuſt⁴) åber és die
ſchůnſt. Dernåch håt'ß ben gråf doch gereut, dåße die hůſch prinzeſſe
håt verlaße, on håt år bélt én ſä woppe laß ôbrëng. Debråuf ſit
me e jåungfere mit Än zôpf. Die woppe ſtåt on den häusle („deß
wåhäusle“) bä der Obermoißfoter bröcke.

1 Einhauſen. 2 Obermaßfeld. 3 Untermaßfeld. 4 mittelſte.

Metzelſer Mundart (II).
Das Kroatenglöcklein in Walldorf.

Nét weit vo Mêdels leït Wåldref, dåß és e groß dûerf, bu'ß
vil jåde git. Süſt gå'ß ere noch mëå dôe; åber zont ſénn ere vil
nåch Maïninge gezô, weil ſe dort beſſer könne geſchacher. Die Wäl=

derfer lèrche lèït of en hoche hüdel vo sândstäï, on drömröm gëät e
mauer, of bèère wärn süst ä därın, on däß sit egrâd auß, eß bann'ß
e sèsting gewäst wëär. In dan stäï honn nu die Wâlderfer leut
onne rèäffe lâcher gemâcht, bi'ß die bèèrkleut mache, buse den sând
rausschärre, dèèn farnse nâch Maminge on verkerffen en, on däß eß
lâ unâbener verdinst hırse.

In dreïßsjärig krïk, bu die leut döerôm gâr vil außstèhä moßte,
kâme die velle Krodde â vûr Wâldref, dâ fing of armâl die klaï
glâde of den lèrchedärm ô ze lôïte, on die hatt doch stellemôel ker'n
klöpfel, bime woßt. Of däß zerche lïse all die leut in ganze düerf
desomme[1]) on schrïe: „die Krodde! die Krodde sénn dôa!" Nu hätt
nèr emôel e mensch söll hüer, dâß dôe die weiber on die kènner vûre
geschrei mächte. Sû hatte juft noch so vil zeït, dâsse mit ärn vîeh
on ärn beste sache in die nôe berg konnte geflüchkt. Die Krodde kâme
â werklich in'ß düerf on blönnerte on brânte alleß nîder, bise'ß[2])
dausröm â mächte. In Debermaßfeld — sprècht me — hätte se gôer
den pfärr in backôfe gestäckt on verbrânt. Déß glâdle hängt heut
noch of den Wâlderfer lèrchedärm, eß eß âber ömgegäſſe wärn on
hät â en klöpfel gekrîgt.

[1] zuſammen. [2] wie ſie es.

Helmershäuser Mundart (II).

(Nach dem nhd. L. Bechſteins.)

Offem Walmerk[1]) bei Wommethause[2]) salle in alle zeite die säu
e glâde rausgewült hä. Dâbrü wëär'ß âber ball züem gruße streit
komme zwösche de Wommethäusern on den Helmershäusern. Ubern
bèèrk, bu die sell glâde iß gesonne wärn, ging nämlich die grenz
zwösche dan zwâ därfern hî. Deswege mâchde die Helmershäuser â
en ôspruch of die glâde. Däß wëär nu e schlömm sach gewärn, bann
sich nét noch e auswäk hätt gesonne, dan streit beizelèèbe. E aller
bauer kâm bezu, bèèr gâb den leutene den roet, deß lüß soll enschaïd,
bäm die glâde soll gehüer. Dâ lüed me se offen mô, on dan wurn

[1] Wallberg. [2] Wohlmuthauſen.

zwä blénne uffe gefpannt, on die wurn nu ågebríbe, dåffe zåge. Weïl fe åber nåch Helmershaufe gehüerte on ärn ftål tånte, ze zågefe halt die gläcke hî. On damit wår der èrgerlich ftreit all. Då hängt die gläcke noch bis of den heutig dåk.

Oftheimer Mundart (II).
Das Steinerne Haus.
(Nach bem nhd. Schwarz's.)

Of der Oeberelsbicher Rûe, a guit ftonn vo Oeberelsbich, lêt deß Staïnerne Hauis, dåß is a grußer häuff von bâfaltftaï. Von danfélle derzält me fich dåß: Eß wôer amål a bauersjäung in én dûerf dorttröm, dår hatt a måble gern, on woll'ß zur frâ nåm, åber dåß gå år vätter nit zû, wäl der bärfch arm on hä reïch wôer. Dåß nåm fich nûe dår går fér zu härze, on der kommer dådrú dripen nåuff of die Rûe, då èrrte in drúbe gedånkene ömhär. Wäl ûn nûe kermenfch gehelef konnt, fo rîefe den deufel öm hölef ô; hä hatt åber dåß wûert noch nit lang ausgefpråche, fo ftonn åch fchûe der deufel fûren, es baune offen gewart hätt.

„Beröm bift dûe daue?" frågte dan bärfch. „Bann dûe mîe hauis on höf könnft verfchaff", fåtte, „dåß ich mer måble gefreï könnt, då wèår me gleïch geholfe." „Nift leïchter es dåß", fpråch der deufel, „komm når mårn frûhe råuff, då foll alles fertig feï. Når Årns Dång ich mer auis: dûe dårfft in dan hauis nit bût." On damit reïcht hä ün a bûch hî zum onnerfchreibe. Der bärfch onnerfchríp on ging ferner wå.

Bîe den annere mårge nåuff kdem, ftonn richtig dåß hauis fiï o fertig daue, on krènks bröröm låge die fchünfte äcker on wîfe, bîeme fich fe når mögt gewünfch.

Bår wår nûe frûher es ons hans (fo hîß nämlich der bårfch)! Gefchwind ginge ud zu den vätter ferner libbfte on fprécht züem, dåße ün nûe feï dochter zur frâ mößt gå, wäl e hauis on höf hätt on e frâ vernåer könnt. Dåß gefchåg â. Die hochzig wûer beftellt on mit grußer bråcht gefeiert.

Schûle den annere dâl zôg deß jûung bôer eï. Dâ sprâch die
frâ: „Herze mô, wäl ons der libe gott gehoïfe hât, so es'ß billig, daß
me sich beïen bedânke; mïe wonn bât." „Jâ, all schäʒere", sâtte,
„daß womme dûe!" Aber kâum hatte se deß wûert gottes ausgë=
sprâche, so fûer a bliʒstrâl aus den wolkene rauis, on e fârchterlicher
dûnerschlâk folgt dârâuff, on deß ganz haus brâch über ârn käpfene
ezomme. So lêt'ß nôch bis of den heutige dâk.

Wasunger Mundart (III).

Die Eselsmühle.

(Nach dem nhd. E. Wucke's.)

Nit wît von der Zillbich nâch Schwallinge zû, dâ laït e möln,
haißt insgemaï nûre die „Eselsmöln". Zur zît deß driskjârig krïts
wôer in seller möln e jäung mâche, die wâr e gâr mordhüsch frâwes=
mensch on so hüsch, bimme noch kaï zesêhe hatt. Daß mâche gung
âber alle dâk mit sin êsel nuff in den wârrgroind in'ß lâger, bu die
wélle krodde wârn, on brâcht mâl on annere sache dorthî, dâße ze
lâbe hatte.

Dâ wâr nu ânner von selle soldâtene (ich glaï eß wâr e offezîr),
dèr hatt sich in die hüsch möllere verlibbt, on hä hatt â nét êher
rûhe, es bîe nû zu ere kâm.

Aïmôel nû mâcht sich richtig der krodd uff on ritt mit sin knâcht
nû in die möln. Bïe nit mêâ wît devô wôer, stîge â on gung uff
deß huis zu; der knâcht mott wârend der zît bei den pfèère blî on uff=
baß. Aber die möln wâr zû on der krodd konnt nét nî. Bi hä nu
sâch, daß so nést uszerichte wôer, ze dâchte, hä wäll of deß möllnrâd
stîg on vo dôe durch'ß fenster in'ß huis komm. Bïe aber druffstunn,
liß deß mâche, die uffgebaßt hatt, die möln â, dâ kâm e önner deß
möllnrâd on sturr jämmerlich.

Bi nu der knâcht daß ûglôck sâch, lîse hî on stâckt deß huis â.
Uff aïmôel hüerte, daß lût kâme, dâ sprânge zeschwind zu sin pfèèr,
seʒt sich uff on rît devô. In der dânkelhaït verwêschte âber der

möllere árn êsel, on dèr spräng mit sin reïtter gråd zum fúer ní. Wack wår dèr kèrle â. Devôs soll nu die möln den nôme „Esels= möln" derhalle hå. Die lút spreche â, eß liß sich dort in der naïcht beim mondschîn e mordgrußer eselsschådme sêhä, on manchmôel der êsel selber.

Schmalkalder Mundart (III).

Nachbar Zacharias.

(Nach Firmenich.)

Ü kennt doch den nåchber Zacharîs un wêßt au, dåsse e schrîner îs. Nu jå, der låt emål, bi'ß noch düster duffe wår, séß odder sïße dannebråter nuß un liße leï. Bi nu der hërt verbizôg, kům der all bröloff un liß en flåte of eïns vo den brätern fall, dåvô woßt åber min schrîner niß. Hå stalt nu die bräter un die wånd un ging wier in'ß huß henï. Die bräter stunne åber so, dåß just der flåte ôbe hikům. Nu kům der Hans Méchel vorin huß verbî un såh dan flåte ôbe hang un bewonnert un bedrächt en går lang. „Då siß doch änner nör emål her", rife, „dåß dåß für e wonner îs, då håt wärlich weïß gott! e ků dort henuff hoffirt."

Unterkäßer Mundart (III).

Der Adventshammel.

(Nach dem nhd. E. Wucke's.)

In Oeberkatz, in der Hopfe=Ärt[1] sin tåler, is eß schu går vil ämgange. Der tåler leit nét bi süst önnern huß, sonner uff der sitte von der höfrait nåch den gärte hï. Vil lút wölln hun gesïhe, bi zer Adventszït der „Adventshåmel" uß dan tåler ruskomme, öm den blån römgange. on dann zer Katz[2] gange is, bi åm düerf ver= beiflöüßt. Die lút spreche, eß wëår dåß bi a åart „hôkuff", vorn

[1] Ortloff. [2] Katza, Bach.

Spieß, Die Bräul.-Hennebergische Mundart.

wîß, hénne fchwôarz. Ĵn ber naïcht fprĕngt er ben lûte uff en buckel, ober lât fich ganz ĝemûtlich uff en fchubfarrnsbôt on läßt fich haïfôer. Dèer en âber haŕ fâert, möcht vor angft ball zâpelig ĝewâr.

Roßborfer Mundart (III).
Die Boten aus der Hölle.
(E. Katzenberger.)

Der jâr, bi ich noch vúerfchnitter offen Gehjo=gút wâr (fo er= zählt ein Greis von 70 Jahren), bá ftârr ber all fchulz[1]) (bèer en noch ĝekânt hât), bá gung ich mit ben annern fchnîtters̀männern aïmâl in'ß mâbe[2]), eß wâr frú ŏm zwèè úer. Bimme nu zum rúerf núsgunge, bá wâr beß all fchmîbche fcho in finner fchmîbe un ärbet búchtig bruff lŏs. Bi bâr ons fâh, rîfer uns un fús: „Hat eu néft ĝefíh vom alle fchulz, eß finn fcho brei bôte us ber hâll bá ĝewâft on hûen nâchen ĝefrâïgt." Mei lachte grâb nús on fâtte: „Nâ", un gunge on onfer ärbet un lachte; bann eß wâr ons bekânt, bâß beß fchmîbche un ber fchulz nét bie befte frönn wârn. Bimme nu nâch= méttâts wîer her gunge, kûme me on ber fchmîbe vorbeï. Uff aïmâl fchreit ons beß fchmîbche nâch: „Eu männer, ärr is ĝefunne; ft hunnen! ärr fétzt ŏbe beï áfchehûfe[3]) un klâpft fteï!"

[1] Laut zwifchen o und u. [2] Mähen. [3] Afchenhaufen.

Reichenhäufer Mundart (III.—IV).
(Nach bem nhb. E. Wucke's.)

Bamme vun Ellbú[1]) nâch Frânkeme[2]) zû gät, fo kömmt me beï die all Lânbwêr (Hâl), bu ber wèèf von Reïchehaufe of bie hú gät, un

[1] Ellenbogen. [2] Frankenheim v. b. Rh.

bu noch vúr e bår jarn offer klänne ůhů e ſtôſ in der èère ſtunn, dèß hiß me de „zigeunerſtôſ". Dá ſoll'ß nit rèèchṭ richṭig ſeï.

Onſer herrgott warß, bi lang'ß hèèr is, dá wår emál in der gèègend e zigeunerbande, die trîp ſich dåröm. Die dårbîrte nu die leut biſe nůr konnte o woßte, on bann die bauer niſt gå wollte, je wollte ſe de ruite gückel³) auf'ß haus ſteck.

Die leut mäïchte lang niſt un lißge ſich'ß Zefall, bi'ß åber går je ſchlömm wůr, ſchaffte ſe ſich of armál rů un zôge mit de jaïgern gège die ſpitzbube un ömzënkelte ůrn hauptmů un ſchôßge offen. Åber dèèr zigeuner lacht ſe nèèr aus un ſpräung mit ſeïm bårre gaul devô, weïl e kůgelfèſt wår.

Nu kům åber änner vun de jaïgern of den eïfall un ſchnît ſich en ſölberne knöpf vun der jacke rå un lůden in ſeï Zewêr. Bi ſich nu der hauptmů widder liß ſèh, nům der jaïger ſeï flinte un ſchôßen vom gaul rå; dann gège deß ſölber konnt hå mit ſeïner zauberei niſt Zemach. Dort hunſen å begråbe un zer warning ſelle ſtôſ hïZeſåtzt.

3 Habn.

Salzunger Mundart (IV).

1. Der feuerige Mann in der Silge.

(Nach dem nhd. E. Wucke's.)

'ß waßer, dåß vum Salzinger ſè in die Wärr flißt, wård die Silge Zenånt. Gånz dränge¹) åm ênd vun der Silge då ſtunn e hißche mit er ſpöngſtůbe²) drin, då wårn emå nöt lång vor den chriſt= daïrn åm åbed jänge lît ſpill beïſomme un eß gung au råcht loſtig derbî hår.

Då ſåchenſe bi uff armå å går heller ſchîn dorch'ß fånſter kåm. A måge, båß am nächſte am fånſter wår, macht'ß uff un guckt enuß. Åber glich prallt'ſe widder zeröck un ſåh krîdewîß uß, ſo ſèr wår ſe verſchrocke. Biſe åbber gefråït wurd, boß då Zeſchenn wår, wår niſcht ußer rußzebrënge un mutten ſe ſelber zum fånſter nuß guck. Då ſachenſe nu, bi å fieriger mån die Silge nuff geflorn kåm. Die måge hatte åbber ball årn ſchruk³) widder verlårn un eïne devun wår

1 unten. 2 Spinnſtube. 3 Schrecken.

in ârn ûnverſtând ſo nûjewiß, dåße den fierige mân au nuch vår nårrn hatt un em zûriff: îrwiſch! fledermiſch! Åber kaum wår'ß eruiß, ſo dreht ä ſich om un bi a blitz rånte uff'ß fånſter lôß; die måge hatte nöt emå zît, die låde zuzemache. Den annere mårge åbbe ſach me den fierige mân ſi hånd in den fånſterlåde îgebrånt. Daſſél wårzîche håt me nåcher nuch lang geſän.

2. Rother Doſt vertreibt den Teufel.

(Nach dem nhd. E. Wucke's.)

Eß wår emå ä hex in Sålzinge, diſél hatt ä dôte, dåre wullt ſe år konſt au lér. Wîl åbber dådverbei au der „hanneß" muß ſei, ſo ſuck die all zum måge, ſe mött ſich uff en abſunderliche beſûk pårât mach. Åbber'ß måge wår ångſtlich un ſuck ſinner motter vun der ſach. Diſél åbber hatt kän gefalln an dergliche gezîk. Zwår liße 'ß måge zur ußgemåcht ſtonn zu årer dôte geh, reîchert ſe åbber erſt mit allerhand kriterwerk dichtig uiß un ſtåckt er au nuch die dåſche vull rôte dôſt. Bi nu der deîſel mit ſin pferſchfuß ibber die dôrſchwelln dritt, då ſchnuppert e gewåldig, glåtzt'ß måge wöll du un ſuck:

„Rôter dôſt,
Hätt ich dich gewoſt,
Hätt ich dich vernomme,
Wår ich nöt gekomme."

Un bi der weînt wåre mit en fårchterliche ſchwefelgeſtånk ver= ſchwonge. Die hex åbber wöllt vun årer dôt niſcht mên wiß.

Nachtrag.

Die einfachen Längen (I. A. b.): klēä m. Klee, schnēä m. Schnee, hîe hier, lánkwîd f. Langweide, Deichsel des Hinterwagens.

Verdunkelung (I. A. d.): schrût m. Schrot.

Ausweichung (I. A. e.): ȫder f. Aber, lûs lösen, blûd blȫde, schrȫ m. Schragen, stömm stumm.

Dehnung (I. A. i.): ömsûst umsonst, fȫder fordern, frêm fremd, hȃmer m. Hammer, schlȏß n. Schloß.

Kürzung (I. A. k.): flüß m. (f.) Floß, flüsser m. Flößer, komm kaum, hoffe m. Haufen, stoch stauchen, frèttig m. Freitag, lèsser m. Läufer, Läuferschwein, ötter n. Euter.

Consonanten (I. B.): honne unten, hȏbe oben, on und; gëll gëlt trockenstehend; von einer Kuh, welche wegen zeitweiliger Unfruchtbarkeit keine Milch gibt: die lû gät gëll.

Wortbildung (II. A.): lügerlich lügenhaft, einer Lüge ähnlich: eß löt (lautet) lügerlich, gȃberig zum Geben geneigt, geschwindig geschwind (Erweiterung?), schȃmerig verschämt, bescheiden, blȫd, schwenkel für schwenken, rütteln, schéfferig scheißerig, furchtsam, feig.

Anlehnug (II. C.): kammen wenn man ihm, kommen sollen.wir, gî'ßen gib es ihm, lȏ'ßen kann es ihm, kȏme'ßen kann man es ihm, hȃst dûen hast du denn, ésen ist es denn, négße nicht ge(scheit).

Verschleifung (Erweiterung II. D.): ȁrn f. Ernte, èrmvel m. Armvoll, dèrmel pl. Gedärme, hȅrbest m. Herbst; rȅtsem rathsam, sparsam, allènne an allen Enden, überall, ewälle eine Weile, einstweilen, melȃde milȃde mein Lebtag, nȃ hinab, nû hinüber, nei hinein, naus hinaus, rȃ herab, rú herüber, zûsȃns zusehens, zont jetzund, jetzt.

Verschleifungen (Zusammenziehungen) von Ortsnamen: Glécherwîse Gleicherwiesen, „Gleich an der Wiese", Malmers Albrechts „zum Albrechts", Mȅckers Eckardts, „zum Eckardts", Möckers „zum Deckers", Trȃg Eicha „zur Eicha".

Corruption (II. E.): baſter m. Baſtart, tålereſel f. (m.) Kelleraſſel, hårnſe f. Horniſſe, dåtter auf dem Horn blaſen (wird nicht viel mehr gehört).

Nach G. Brückner (Landeskunde des Herzogthums Meiningen I. 130) iſt „Fitz" aus Voits entſtanden.

Wortbiegung. Genus (III. A. a.): weidräubel m. (f.) Weintraube, flüß (ſ. oben) (m.) ſ., ſchmålze f. (n.) Schmalz, dränke f. (m.) Trank.

Caſus (III. A. c.): deß guducks: de mécht me gleich deß guducks geweèr; der håſe dût: vil honn ſénn der håſe dût; manns: ich bi manns genunk, gå dänner wå, niſſ weèrts nicht von Werth, wårt'ß, rôet'ß hå Worts, Raths haben.

Conjugation (III. D. c.): Präteritum î. ſchneid(en). ſchneid ſchnédtſt ſchneide, ſchnîd, geſchnîde.

Prät. û. wûl(en). wûl wûle wûlt, wûlt, gewûlt; — ſúer führen. ſúer fårn fúert, ſúere fûert ſúert, geſûert; — blôes blaſen. blôes blåßt blôeſe, blaßt blôeſe, blûs blûs, geblaßt (geblôeſe); — gerôet gerathen. gerôet ge= rätſt gerôete, geratt gerôete, gerût gerût, gerôete.

Prät. ô. weär wehren. weär wèrn, wôert wôert, ge= wôert; — dun thuen. du duſt dut, dôet dôet, gedôe (ge= dûe); — dernêär. dernêär dernèrn, dernôert dernôert, dernôert.

Prät. å. lås leſen. lås léſt léſt lûſe, lås lås, gelaſt geláſe geleſe.

Prät. å. zèl zählen. zèl zèlſt zèle, zålt, gezålt gezèlt.

Prät. å. ſchlepp(en). ſchlepp ſchleppe ſchlåppt, ſchlåppt, geſchlåppt; — fårt fürchten. fårt fårte, fårt fårt, gefårt; — dårf dürfen. dårf dårſe, dårſt dårſt, gedårſt gedårſt; — ſchårg ſchieben. ſchårg ſchårge, ſchårgt ſchårgt, ge= ſchårgt; — derwårg erſticken. derwårg, derwårge, der= wårgt, derwårgt.

Prät. u. hût(en). hût, hutt gehutt.

Prät. o. renn(en). renn renne, ronn rönn, geronn.

Ueber den Gebrauch einiger Redetheile (IV.):

Präpoſitionen: Für am, an einem ſteht of auf: offen

Sonntig dårf me nét èrbet, an einem Sonntag darf man nicht arbeiten.

Flickwörter: rèè rein, wirklich, gewiß, ganz und gar: ich hå'ß rèè vergeße; lan bis (ganz veraltet): wèrt lan bis ....

Wörter aus fremden Sprachen (V.): haſſart m. Haß, Neid, Aerger, mißverſtanden aus dem franz. hasard, àbſelût durch= aus, franzöſ. absolut; marode müde, erſchöpft (?); kurranz drängen, ſchinden (?), kappenîr kapponieren, todtſchlagen, köpfen, von dem lat. caput (?).

Formen, welche im nhd. fehlen oder nicht in allen Ortſchaften (Gruppen) des Sprachgebietes üblich ſind (VI.). ſchaff(en) wird meiſt nur in IV. gehört. Dieſe Form ent= ſpricht wohl dem anderwärts gebräuchlichen Ausdruck ze ſchécke zu thun, zu arbeiten: ſü honn niſſ ze ſchécke.

Allgemeine Uebersicht über die Lautverhältnisse in den verschiedenen Gruppen.

	I.	II.	III.	IV.
rinnen, flicken, Sichel, Mittel, sitzen, Rinde, Linde.	ė	ė	ė	ė
bringen, Winter, Ding.	ĕ	ĕ	ĕ	ĕ
Rind, blind.	ė	ė, eï	eï	eï
Birn, Stirn, Hirsch.	ĕ—ė	ĕ—ė	ĕ—ė	ĕ—ė
Löffel, Hölle.	ĕ	ĕ	ĕ	ĕ
ach, nacht, Schachtel, Last, fast.	å	å	å	å
Narr, Pfarrer, Garten, Karte, warten.	ė a ä å	å	å	å
Gabe, Schlaf, Nase, Rad, schaben.	å	å	å	å
Lohn, Sohn, los, Rose, groß, roth, Noth, Tod.	û, ûe	û ûe, ûi	û ûe ûi	û ûe
Rhön, Höhe, hören, Oehr.	ú úe	ú úe	ú úe	ú úe
Rocken, Socken, kochen, klopfen, stopfen.	å o	å	å	å
immer, Krippe, Kissen, Spritze.	ŏ ŭ	ŏ	ŏ	ŏ
schlimm, Silber.	i ė ŏ	ė ŏ	ŏ	ŏ
Hemd.	ė ŏ	ė ŏ	ŏ	ė (ö)
recht, Knecht.	a	a ė	a ė	a ė
Mehl, Weg, Steg, Leber, Feder, Brezel.	â	â	a ėė	â ėė
Mann, Bahn, Name.	ô å	ô	ô û å	ô û å
da, nahe, Jahr, sparen, Harz, Naht.	ôe (ôa)	ôe (ôa)	ôe (ôa)	ôe
Säbel, Schäfer, Käse, Krämer.	å	å ėė	å ėė	å ėė
Magen, Wagen.	ô å	ô	ô û	ô û
Jagd, Magd.	å å	å	å	å
klagen, naschen, waschen, Flasche, Tasche.	å	å	å	å
Butte, Kummer.	o u	o	o	o
rund, Pfund, Grund, Hund.	o u	oi	oi	oi
Junge, Sumpf.	å u	åu å	å	å

in den verschiedenen Gruppen.

	I.	II.	III.	IV.
Rücken, Brücke, Schüssel, Hütte.	ŏ ŭ	ŏ	ŏ	ŏ
fürchten, Gürtel.	ă	ă	ă	ă
Auge, Frau, Thau, Baum, Rauch.	å ou	å åu	å åu	å
saufen, brauchen.	o ou au	o åu	u	u
Raupe, Pflaume, Daumen.	o å au	o å åu	u û	u û
blau, grau.	ôe	ôe	ôe	å
Traum, Zaum.	å å	aï ĕĕ	aī	aï
Glauben, träumen.	å ĕĕ	aï	aī	aï
bauschen, lauschen, draußen, Dausch.¹)	ŏ öü ou au	öü	öü ü	ü
reich, leicht, Teich, fleißig, scheißen, zeitig.	ĕ eī ei	eï	i	i
feind, Kleiner.	ä ei	eï	eī aï	eī aī
Getreid, Mainz, Heinz, zwei.	å	å eï	å eī	å aī
Zeichen, Weise, Seife, Weizen.	ä ĕ	eï	eī	eï
Seil, Ei, Bein, Stein, Teig, Neige, Meise, Geiß, Saite.	å ĕĕ ei	aī	aī	aī
Pfeife, greifen.	ŏ oü eu	öü eï .	ü i	ü i
Heu, Streu.	å	å	å	å
deuchen, leuchten, Preußen, Kreuzer, läuten, Bräutigam, seufzen.	ŏ öü eu	öü	ü	ü
Mühle.	ů	ů ŏ	ŏ	ŏ
Brühe, früh, Düte.	ů ůe	ů ůe	ů ůe	i
zwölf.	ŏ ĕ	ŏ ĕ	ŏ ĕ	ŏ
Mauer, sauer, Maul, faul, Taube, Haus, Strauß, Kraut.	au	au	û ui	û ui
Leier, Seier, Wein, Schein, gleich, Eis, Seide, Seite, weit.	ei eï	ei eï	i eï aï	i
Feuer, Steuer, theuer, euch, Zeug, Leute, heut.	eu	eu	ů	i ui
Wirth, Wort.	îe ûe	îe ûe	îe ûe	îe ûe

1 Mutterschwein.

Uebersicht über die Pluralbildung

Zeichen
— Ausfall des Plurals;

Starke Substantiven.

	Kürzen. Sing.	Plur.	Längen. Sing.	Plur.	Dehnung. Sing.	Plur.	Kürzung. Sing.	Plur.
m.	lamm	ä—er	bâm brâm	á á	schwâmp tâmp stôm	ä ä ä		
n.			lû sû tuî zô spôe rèè bèè wei	û û î ê e ä èè èè —	ki	—		
l.	sell	ellн	pfâl nâl sâl wâl stôel stûl kîl spîl maul gaul teil sèèl	á á á — êäl û î î äu er äu ei èè er	stâl sâl bâl sâlb	äll ä ä äller		
r.	nèrr pfèrr	èrrn èrr	stâr rûr bûr bîr stîr hêr bôer	á ûer û î î ê berer				
b.			lâp stâp grâp hîp	— — á er i				

der einsylbigen Substantiven.
Erklärung.
— „ Plural wie Singular.

Schwache Substantiven.

| Kürzen. | | Längen. | | Dehnung | | Kürzung. | |
Sing.	Plur.	Sing.	Plur.	Sing.	Plur.	Sing.	Plur.
		frå					
		fau	äu				
		tû	û				
		hû	ü er			bunn	ü (le)
		bô	—				
		tål	å				
		spûr	—				
		flûr	—				
		schwûr	ú				
		schnur	ů				
		ûer	û				
		schëär	eä				
		bëär	eä				

Starke Substantiven.

	Kürzen.		Längen.		Dehnung.		Kürzung.	
	Sing.	Plur.	Sing.	Plur.	Sing.	Plur.	Sing.	Plur.
b.			sip	î				
			bip	î				
			lob	ö e				
f.	muff	ü	lâf	—	bûf	üff		
	schiff	i	tâf	—	knûf	üff		
			grâf	â e				
			schâf	äff				
			hûf	ü				
			brîf	iff				
d.	frack	ä	wât	â	fât	ä		
	bed	ä e	bât	â	spât	—		
	wed	— „	schlât	â	brût (ë)	—		
	ged	— „	bëet	—	riz	é é		
	fled	— er			strît	â â		
					rôt	â â		
					bôt	üh		
					flôt	â â		
					stôt	â		
					pflôt			
					schôt			
g, ch.	fach	ä er	râch	—	sprüch	ü		
	bachs	ä	bûch	ü er	brüch	ü		
	licht	i er	bûch	ü er	bach	ä er		
			pflûk	ûg	schlîch	é		
			schûk	üh	stîch	é		
			trûk	ûg	strîch	é		
			zûk	ûg	blôch	â er		
			bauch	äu	joch	ö er		
			brauch	äu	lôch	â er		
			zweig	— „				
s.			spâß	â	fâß	ä er		
			glâs	é er	gâst	ê		
			grâs	é er	guß	ü		
			lûs	ü er	grûß	ü		
			fûß	ü	flûß	ü		
			klûß	ü	schûß	ü		
			spiß	î	stûß	ü		
			môes	ôeser	riß	é		
			haus	äu er	biß	é		

der einsylbigen Substantiven.   93

Schwache Substantiven.

Kürzen.		Längen.		Dehnung.		Kürzung.	
Sing.	Plur.	Sing.	Plur.	Sing.	Plur.	Sing.	Plur.
						daſſ	a
						raſſ	a
		maus	äu	nûß	ö		
		laus	äu				
		gèèß	è				

Starke Substantiven.

	Kürzen.		Längen.		Dehnung.		Kürzung.	
	Sing.	Plur.	Sing.	Plur.	Sing.	Plur.	Sing.	Plur.
s.			schmûs	áu	schîß	é		
			strûß	áu	schlôß	á er		
			trêês	éŝ				
sch.					wîsch	é		
					fîsch	é		
					tîsch	é		
					bîsch	é		
					frôsch	á		
st.					nást	á er		
					ást	é		
					gást	é		
					lûst	—		
					dêst	—		
			tûnst	áu er				
z.					rás	á		
					schás	á (er)		
					rîs	é		
					sîs	é		
					schlîs	é		
					schnîs	é		
					rôs	—		
					flôs	á		
b, t.			râd	è er	blât	è (er)		
			pfâd	è	brât	á er		
			gût	û er	rît	è		
			hût	û	schrît	è		
			lîb	î er	drît	è		
			schlôêt	ô et	wîert	è		
			kraut	áu er				
			klêêd	èè er				
			hêêd	èè er				
nk			sprâng	á	zánk	—		
ng.					gánk	áng		
					gesánk	á — „		
					klánk	á — „		
					hánk	á — „		
					schánk	á — „		
nd.	pfonb	ö nu			lánd	á er		
	benb	ö — „			ránd	á er		

der einsylbigen Substantiven.

Schwache Substantiven.

Kürzen.		Längen.		Dehnung.		Kürzung.	
Sing.	Plur.	Sing.	Plur.	Sing.	Plur.	Sing.	Plur.
						bösch	— „
brust	ü						
lust	—						
faß	ä e	faust	äu				
tag	a e						
		mad	á	städt	á		
		braut	äu	jahr	—		
		haut	äu				
		frad	—				
				wand	ä		
				hand	ä		

Starke Substantiven.

	Kürzen. Sing.	Plur.	Längen. Sing.	Plur.	Dehnung. Sing.	Plur.	Kürzung. Sing.	Plur.
nd.	grond	ö nn			bånd	ä er		
	hond	o nn			pfånd	ä er		
	(frånd)	ö nn			brånt	ä		
	grénd	é—er			stånd	ä		
ns					kranz	ä		
nz					schwånz	ä		
nst.	wanst	ä			bånz	ä (å)		
ls					håls	ä		
lz.					sålz	—		
					schmålz	—		
					bålz	ä		
lf.	wolef	ä						
	hölef	—						
ld					wåld	ä er		
lt.	zelt	— „			låp	ä ber		
					sålb	ä er		
					gålb	ä er		
rm.	wårm	ä er						
	darm	ä (er)						
	bårm	ä						
	stårm	ä						
rn.	garn	—						
	kèrn	— „						
	stèrn	— „						
rg (f).					bèèrf	erg		
rf.					wûerf	ä		
					bûerf	ä er		
rt.			bôert	årt	wûert	ä er		
					ûert	ä er		
					gûert	ä		
					wûerst	û (ä)		
pf.					köpf	ä		
					knöpf	ä		
					kröpf	ä		
					zöpf	ä		

Schwache Substantiven.

Kürzen.		Längen.		Dehnung.		Kürzung.	
Sing.	Plur.	Sing.	Plur.	Sing.	Plur.	Sing.	Plur.
				gâns	ä		
welt	—						
bèrn	—„						
stèrn	—„						

Tabelle über die Conjugation der starken Verben.

Activum.

	bläses	brä	streich	bieg (bäg)	kenn	brät	(möß)	jä
Präsens.	ich bläse	ich brä	ich streich	ich bieg (bäg)	ich kenn	ich brät	ich muß	ich jä
	du bläsft	du brädst	du streichft	du biegst — "	du kenft	du breitft	du mußt	du jäst
	hä bläsft	hä brädt	hä streicht	hä biegt — "	hä kent	hä brett	hä muß	hä jät
	mi bläsße	mi bräde	mi streiche	mi bige (bäge)	mi kenne	mi bräde	mi müsse	mi jäde
	il blaßt	il brädt	il streicht	il bigt — "	il kent	il bratt	il möst	il jät
	fil bläsße	fil bräde	fil streiche	fil bige — "	fil kenne	fil bräte	fil mösse	fil jäde
Präteritum Ind.	ich blis	ich brüg	ich streich	ich bög	ich fänt	ich brät	ich moßt	ich jüg
	du blift	du brügst	du streichst	du bögst	du fänst	du brädst	du moßt	du jügst
	hä blies	hä brüg	hä streicht	hä bög	hä fänt	hä brät	hä moßt	hä jüg
	mi blisße	mi brüge	mi streiche	mi böge	mi fänte	mi bräde	mi moßte	mi jüge
	il blift	il brugt	il streicht	il bögt	il fant	il brät	il moßt	il jügt
	fil blisße	fil brüge	fil streiche	fil böge	fil fänte	fil bräde	fil moßte	fil jüge
Präter. Conjunct.	ich blüse	ich brüg	fehlt.	ich bög	ich fänt	ich brät	ich möst	ich jüg
	du blüsft	du brügst		du bögst	du fänst	du brädst	du möst	du jügst
	hä blüse	hä brüg		hä bög	hä fänt	hä brät	hä möst	hä jüg
	mi blüsße	mi brüge		mi böge	mi fänte	mi bräde	mi möste	mi jüge
	il blüst	il brüst		il bögt	il fänt	il brät	il möst	il jügt
	fil blüsße	fil brüge		fil böge	fil fänte	fil bräde	fil möste	fil jüge

Tabelle über die Conjugation der starken Verben. 99

Perfectum.	{ ich hä geblöse (geblast) / du hast geblöse / hä hat geblöse / mi honn geblöse / il hat geblöse / fil honn geblöse }	gebrô (gebrâge)	geftrêche	gebôge (gebô)	gefonne	gebrâte	gemoßt, gemößt	gesât
Futur. Indic.	{ ich wêr blôese / du weirst blôese / hä wert blôese / mi wern blôese / il werdt blôese / fil wern blôese }	brde	ftrêche	bige (bâge)	frinne	brâte	möſſe	ſâe
Futur. Conjunct.	{ ich wöer blôese / du wöllst blôese / hä wöer blôese / mi wörn blôese / il wördt blôese / fil wörn blôese }	brde	ftrêche	bige (bâge)	fenne	brâte	möſſe	ſâe
Infinitiv.	blôes	brd	ftrêch	big (bâg)	frnn	brât	ſehlt	ſâ
Partic. Präſ.	geblôse (geblaßt)	gebrô (gebrâge)	geftrêche	gebô (gebôge)	gefonne	gebrâte	gemoßt, gemößt	geſât

7*

Tabelle über die Conjugation der starken Verben.

	rust.	brd.			Passivum.			
			schmeiß	jsh.	brönn.	näm.	gewinn.	beschäär.
Präsens.	ich werr geruffe du ruefst — " hä ruert — " mi ruern — " ü ruerbt — " sü ruern — "	gebrd	gelschmelsse	gezß (gezöge)	gebränt	genumme	gewonn	beschöert
Präteritum Ind.	ich wder geruffe du ruurst — " hä wder — " mi wourn — " ü wurdt — " sü wourn — "	gebrd	gelschmelsse	gezß (gezöge)	gebränt	genumme	gewonn	beschöert
Präter. Conjunct.	ich wder geruffe du würst — " hä würer — " mi würn — " ü würdt — " sü würn — "	gebrd	gelschmelsse	gezß (gezöge)	gebränt	genumme	gewonn	beschöert

Tabelle über die Conjugation der starken Verben.

Perfectum. { ich bi gerüffe wdrn du bist — " " hä es — " " mi seinn — " " ü set — " " sü senn — " " }	gebrö wdrn	geschmiffe wdrn	Fezö (Fezöge) wdrn	gebränt wdrn	genumme wdrn	gewonn wdrn	beschödert wdrn
Futur. Indic. { ich wder ger. wern du werst — " " hä wert — " " mi wern — " " ü werdt — " " sü wern — " " }	gebrö wern	geschmiffe wern	Fezö (Fezöge) wern	gebränt wern	genumme wern	gewonn wern	beschödert wern
Futur. Conjunct. { ich würer ger. wern du würst — " " hä würer — " " mi würn — " " ü würdt — " " sü würn — " " }	gebrö wern	geschmiffe wern	Fezö (Fezöge) wern	gebränt wern	genumme wern	gewonn wern	beschödert wern

Die Schriftzeichen (Vocale).

1. Die einfachen Laute.

Hauptlaute.				Umlaute.			
hell		dunkel		hell		dunkel	
â lang,	a kurz,	å lang,	å kurz,	ä̂ lang,	ä kurz,	ä̊ lang,	ä̊ kurz.
û „	u „			ü̂ „	ü „		
î „	i „						

ê „ é „ (das geschlossene e),
ĕ (é, è) (das aus i gebrochene e),
êê lang, è kurz (der offene breite, dem ä und e in dem nhd. Bär,
    her gleichkommende Laut¹,
e (das tonlose e),
ô lang, o kurz,   ö̂ lang, ö kurz.

2. Die Diphthonge:
au ä̊u (ou), äu ä̊u; ou öü; oi; ai aï, ei eï (éi).

3. Die zerdehnten Laute:
ûe úe, ui, îe, êä (êe), ôe óe, ôa oi (öi ä̊i), äui.

Bemerkung. Das kurze e als Inlaut, besonders vor den Consonanten n, l, f, ss, tz ꝛc. in kenn(en), heller, pfeffer, messer, metze ꝛc., ingleichen das lange e vor g in rege(n), sege(n), bege(n), welche im nhd. wie ä ausgesprochen werden, haben keinen Accent erhalten; dagegen werden die Dehnungen mit diesem Vocale, wie fä́lb Feld, gä́lb Geld, schä́nk schenken, stets mit einem ä́ geschrieben. Das aus i gebrochene e lautet bald wie ä, bald wie é, bald auch wie è. Der Diphthong au klingt ebenfalls bald heller, bald dunkler, oft kaum von ou zu unterscheiden. Ebenso schwankt in einigen Ortschaften (z. B. in Rohra) die Aussprache des e in der Zerdehnung ôe zwischen e und a. Was die Zerdehnung oi betrifft, so ist dieselbe ebenso schwer schriftlich wiederzugeben, als sie auszusprechen ist; man weiß oft nicht, soll man oi, öi oder ä̊i schreiben und sprechen. Das Nöthige über die Consonanten an Ort und Stelle.

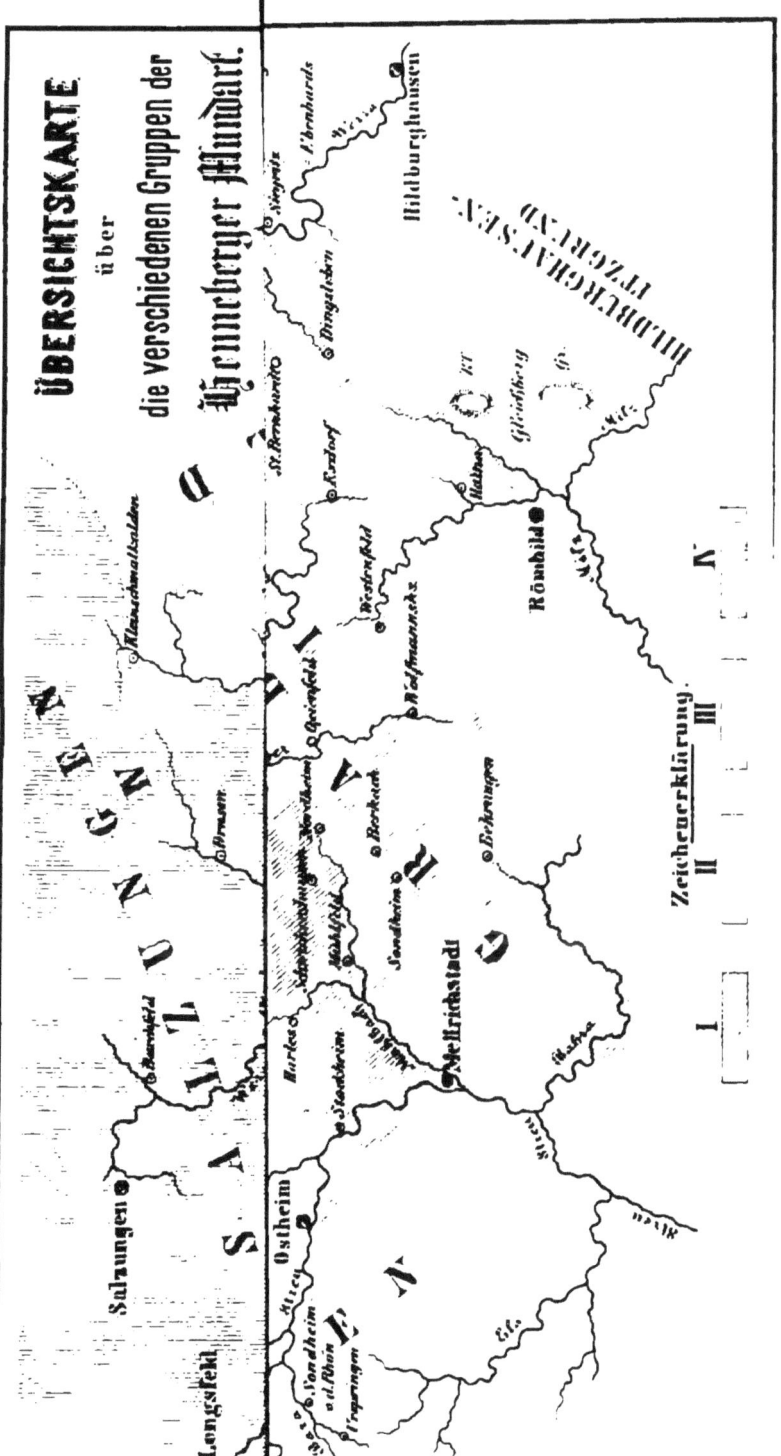